# 人材を磨く経営

中小企業は社員の個性を活かして伸ばす

鈴木康仁
SUZUKI YASUHITO

幻冬舎MC

# 人材を磨く経営

中小企業は社員の個性を活かして伸ばす

# はじめに

「人材採用」および「人材育成」に悩む中小企業経営者は多くいます。

学歴の高い人材を採用したくても大手が囲い込んでしまいますし、ようやく採用した人材は数年で離職し、結果的にリーダーが育たないという悪循環に陥っています。

平成30年版中小企業白書でも、人材育成・能力開発における課題として「鍛えがいのある人材が集まらない」や「育成のための時間・金銭的余裕がない」と回答した割合は、企業規模が小さいほど高くなる傾向があります。人材の採用と育成がままならないことにより、会社の成長が滞るのは容易に想像がつきます。手をこまねいていては、会社が成長できないだけでなく、市場から姿を消すことにもなりかねません。

私は今から21年前の2002年に物流商社を創業し、現在の社員数は300人、年商100億円を達成しています。起業して8年間は中途採用のみでしたが、2011年から新卒採用を開始しました。以降、会社の売上は目に見えて伸び、若い人材が会社の成長を支えてくれています。現在は新卒会社説明会に年間約１５０人が集まり、入社して3年から5年でリーダーに育つケースは珍しくありません。

その経験を踏まえて確信しているのは、中小企業の人材採用・育成においては「人材を磨く」ことに注力すべきだということです。高学歴など、世間一般的に良いとされている基準で人材を選ぶのではなく、粗削りでもいいので一つでも光る個性を見つけ、その個性を伸ばすことを経営者自らが率先して取り組むのです。

私の会社の３００人の社員は皆、実に多様な個性をもっています。無口で黙々と働く社員、反骨心をむき出しにする社員、普通の会社では浮いていた社員など、学歴も性格も入社に至った背景もさまざまです。そんな彼らのそれぞれの個性を伸ばし、想いやビジョンを共有してきたことで、会社の成長を支える貴重な人材に育っています。宝石でいえば原石を見つけ、磨き上げることに成功したのです。

そこで本書では、中小企業における人材採用と育成の基本的な考え方を整理したうえで、私がこれまで行ってきた「可能性を秘めた人材の見極め方」や「人材の磨き方」について解説します。採用の基準や面接時の具体的な取り組み、個性を伸ばすための独自のルールや仕組みなど、大企業ではおそらくやらないことを多数盛り込んでいます。

　会社の成長を支える原石をどうやって見つけ、そして磨くのか――私が実践してきた方法が、負のスパイラルの真っただ中にいる中小企業経営者の問題解決のヒントとなれば幸いです。

目次

はじめに 3

第1章
優秀な人材が獲れない、離職率が高い、リーダーが育たない……
人材の採用と育成に悩む中小企業

●中小企業が抱える「求人難」「離職」「育成難」の問題 16
●人材に関する問題の多くは「従業員と経営者との関係性」に起因する 21
●従業員を大切にする経営で年商100億を実現 23
●固定概念にとらわれない経営が中小企業には必要 25
●中小企業が大企業の戦略をまねするのはナンセンス 29
●大企業と中小企業では集まる人材の質が違う 30
●大企業と中小企業では1人の重みも違う 33

●会社ごとに正解は違う　自社にとっての最適解を模索する　34

## 第2章

# 磨かれた人材ではなく、原石を見つけて自社に合わせて磨く
# 中小企業はとことん社員の個性を活かして伸ばせ

●中小企業では磨かれた人材を求めるより、原石を見つけて磨く　38
●人を優先するか、数字を優先するか――選ぶのは経営者自身　41
●「利益＝お金」と考えていると経営課題に対して付け焼き刃の対策しかできない　43
●売上の上げ方が分からない社長は、会社をやる資格なし　45
●会社が目指すべき利益とは「人と組織の強化」　48
●個性に合わせてベストな教育をすれば誰でもエースになれる　50
●「いい子」は求めない　真の実力者は社会からはみ出るもの　53
●上司に物言う部下は昇進　56
●怒られることはプラスになる　褒めないことの真意　58

●アキレス腱が切れない程度に背伸びをさせる　60
●鉄は熱いうちに打て　成長期には全力で働かせるべき　61
●必ずしも出世を目指さなくていい　人それぞれの適性がある　64
●指導者としての意識とセンスを育ててリーダーにする　66
●未来の経営者を育てるのが経営者の仕事　67
●人を育てることの重要性に気づいた第一のきっかけ　69
●この会社で良かったと思わせることが経営者としての目標　70
●平凡な人材をエースに育てるコツは、型にはめずに型を許す　73
●なぜ人材教育を諦めないで続けられるのか　75
●仕事ができないのは社員が無能なのではない、経営者が無能なのだ　76

# 第3章

## 学歴は不問！ 原石には個性が1つあればいい
## 伸びる人材を見極めて採用する


●自社に共感する人材を選べるかが採用の成否を分ける 80
●新卒採用を諦めていてはなにも始まらない 81
●予算や労力をケチらなかったことが成功要因の一つ 84
●求める人材像を明確にすることが大事 86
●原石を見つけるには① 学歴不問 87
●原石を見つけるには② きらりと光るもの 89
●原石を見つけるには③ エントリーシートに表れる個性を見極める 92
●原石を見つけるには④ 運が強い 94
●原石を見つけるには⑤ 最終的には好き・嫌いで選ぶ 98
●原石を見つけるには⑥ 光る個性がなくても「この会社が好き」なら採用 101

● 控えめ、頭でっかち　これもまた良し　105
● 縁故入社は大歓迎　どんどんやるべき　107
● ハズレ人材などいない　むしろ全員伸びしろしかない　108
● 成長した姿をイメージし、１０００手先を読む組織づくり　110
● 人を見抜く目をどうやって鍛えたのか　112

# 第4章　独自のルールで個性を潰さずに育成する

## 仕事の成績向上だけでなく人間としての成長を促すために

● 人として成長すれば仕事は自ずとできるようになる　大事なのは人間教育　118
● 社員が増えると「仕組みづくり」が重要になる　119
● 企業理念や行動指針も仕組みの一つ　120
● 社員に目指してほしい姿を企業理念に込めた　122
● 相手に助言や苦言を言える仲間意識が必要　126

●行動指針としての「七信条」 127
●「楽しむ」ことがいちばん大事で、いちばん難しい 130
●社員に気づきを促すための社内掲示 133
●たった一言で真意が伝わる 伝統から生まれたキーワード 135
●日報は業務管理のためにあるのではない 148
●日報を通して社員の成長が見える 149
●日報の意味を忘れないよう話して聞かせる 153
●給料袋もメッセージを伝えるアイテムになる 154
●大人が本気で涙する、年に1度の大納会 156
●人の上に立つ心得を教える、経営塾 160
●若手との接点を増やす社内オンラインサロン 162
●入社1年目は査定なし まずは職場に慣れること 166
●リーダーの育成には部下のマインドを変える力が必要 168

第5章

# 会社の発展は経営者の「社員の育て方」で決まる


●売上の数字より中身を評価する 170
●社員が目標をもてるようにつくった、人事考課シート 171
●査定は5月と11月の年2回 174
●できないと悩むのは成長している証拠 176
●成果の出ない社員には優しく、上り調子の社員ほど厳しく接する 177
目の前の数字より目の前の社員
●効率は大事だが、その前に人育てが必要 180
●社員がどこまで伸びるかは、経営者の力量で決まる 183
●この人が無意味なことをさせるわけがないと思わせたら勝ち 185
●魂を受け継ぐ社員を何人残せるか 187
●一人前に育ったら社員の独立を応援する 189

●今はエベレストの3合目　あと3年で5合目に到達させる　190
●人間は成長したい生き物　ゆるい会社は嫌われる　193
●社員が成長するための3つの条件　195
●社員が幸せになれる理想郷を目指す　197
●会社は業務の場ではなく人間教育の場　199
おわりに　202

# 第1章

優秀な人材が獲れない、 離職率が高い、
リーダーが育たない……

# 人材の採用と育成に悩む中小企業

## 中小企業が抱える「求人難」「離職」「育成難」の問題

人材採用の募集を掛けても人が集まらない、苦労して採用しても定着せずに辞めていくといった問題を抱えて苦しんでいる中小企業は少なくありません。

2022年版の中小企業白書によると、中小企業が重視する経営課題は「人材」が最も多く、82・7％にもなります。人材を強化するためには「採用」と「定着率の向上」、「育成」が重要になってきますが、いずれも中小企業にとっては一筋縄ではいかない頭の痛い問題と言わざるを得ません。

### ■8～9社で1人の新卒者を奪い合う、中小企業の採用競争

人材の採用については、コロナ禍で一時的に求人倍率が下がりましたが、今後はコロナ禍前の水準に戻ると考えられます。2021年版小規模企業白書には2020年卒8・6倍、2019年卒9・0倍とあることから、中小企業8～9社で1人の新卒者を取り合う

状況になるのです。

採用難の背景には、働き手となる生産年齢人口（15～64歳の人口）という根深い問題があり、一朝一夕には解決できません。またコロナ禍やウクライナ侵攻などの情勢不安を経験したことで、若者の安定志向・大企業志向が強まっています。さらに今後は大卒者の数も減っていくため、新卒採用は今以上の激化が避けられません。

## ■終身雇用の崩壊と働き方の多様化で、離職のハードルが低くなっている

従業員の定着率については、こんな興味深いデータがあります。公益社団法人日本生産性本部が毎年実施している「新入社員　春の意識調査」で、「今の会社に一生勤めようと思っている」と答えた割合は約半数でした。つまり、残りの半数は「今の会社でなくてもいい」「条件が良ければ転職もあり」と考えているのです。

今の若い世代では転職に対する抵抗感が昔より薄くなっています。昭和の時代までは新卒で就職した会社に生涯勤めるという終身雇用が当たり前でしたが、今は大きな会社でも倒産する時代ですし、年功序列で長く勤めれば順当に出世や収入アップができる時代では

なくなりました。能力の低い人はリストラを余儀なくされ、能力の高い人材はより条件の良い会社を求めて転職する、その結果として人材の流動性が高くなっているのです。

非正規雇用やフリーランス、副業など働き方の選択肢が増えていることも、一つの会社にこだわらなくていいという考え方の後押しになっています。

## ■目の前の仕事で忙しく、人材を育てる余裕がない中小企業

人材育成については、中小企業経営者がなんの施策もしていないかというと、そんなことはありません。商工組合中央金庫の景況調査(2022年8月)によると、7割の中小企業がOJT以外にも何かしらの施策を実施しています。社内研修、資格取得等の金銭的支援、外部講習への参加など、試行錯誤しながら人材育成を試みているのです。

しかし、同じ調査で人材育成の体制に関する回答結果を見ると、「現場任せ」や「その都度決めている」との回答が多く、計画的・組織的な人事育成体制の整備が十分ではないことが分かります。

そもそも中小企業は人手が限られるため、社長が経営と現場仕事を兼ねていたり、資金

繰りなどの課題を抱えていたりすることが珍しくありません。とにかく社長は忙しいので会社に不在がちになり、従業員の教育にまで手が回らないことが多いのです。

取締役が社長の代わりに指導役を務められればいいのですが、取締役もリーダーとして十分に育てられてきていないこともあるので、部下に仕事のやり方は教えられても、やる気にさせたり成長を促したり愛社精神を育てたりといったマネジメントは荷が重いといえます。

また、人材教育に掛ける時間やお金が少ないことも問題です。確かに人を育てるのは根気もコストもいります。その割にこちらが期待したように育たないこともあります。それなら手っ取り早く機械で生産力をアップさせたい、ＩＴを導入して人手に頼らないようにすればいいと考える経営者もいます。

これらの課題を抱えていると、さまざまな問題が起こってきます。人が集まらない、辞めていくとなれば人手不足となり、仕事が回りません。少ない人員で仕事を分担しなければならず、個々に掛かる負担が大きくなっていきます。従業員は疲弊し、モチベーションも保てなくなって、生産性が落ちます。会社を休んだり辞めたりする人も出てきてしまいます。

また人を育てるという文化がない会社では、新人はひと通りの仕事だけ覚えたらすぐに現場に出されてしまうので、目の前の仕事だけすればいいという受け身人間になりがちです。チームのために、会社のためにといった視点が育たないので、従業員の頭数はそろっていても個々の戦力が低いため、成果が出せません。

そうすると当然のことながらリーダー人材も育ちません。リーダー人材がいないということは、単にチームがまとまらないという問題では終わらず、後継者不在という大きな問題に発展します。後継者がいなければ事業承継はできませんから、会社は廃業か身売りになってしまうのです。

リーダーが不在だと、経営者と一緒に経営課題に取り組んで会社を良くしていく味方がいないという問題も起こります。味方がいなければ経営者は孤軍奮闘することになり、その両肩にのし掛かるプレッシャーは膨らんでいくばかりです。

## 人材に関する問題の多くは「従業員と経営者との関係性」に起因する

私も中小企業経営者の集まりに参加して情報交換したり、経営者向けのセミナーを依頼されて講師を務めたりすることがありますが、周りの経営者を見ていても「採用」「離職」「育成」の問題を抱えている人が多いです。真面目な経営者ほど積極的に情報を集めて試行錯誤していますが、なかなかうまくいかない、満足いくほどの効果が出ないという話を聞きます。

そういう人たちを見ていると、2つの共通点があるように思います。1つは「目に見えている問題に意識が向きがち」なこと、もう1つは「自分の経営に自信がなさそう」なことです。

まず「目に見えている問題に意識が向きがち」だと、なぜ努力が報われにくいかというと、表面的な問題を一つひとつ解決しても根っこの問題が解決しない限り、再発したり別の問題として表面化したりすることになるからです。

私は物事（事象）というのは1つの種から生じていて、そこから根や芽が出て、枝葉が伸びて花が咲くと考えています。「人が集まらない」「人が辞めていく」「リーダーが育たない」というのは花の部分にあたるので、いくら摘んでも別のところからまた花が咲いてしまいます。つまりイタチごっこになるのです。

私の場合は、目に見える問題に気づいたら「この問題は何の種から生じているか」と考えます。そもそものスタート時点に遡って、何が良くなかったかを考えるようにしているのです。そうすることで事象を生み出している源が分かるので、そこを修正すれば問題を根本から正すことができます。

では、「人が集まらない」「人が辞めていく」「リーダーが育たない」という問題の種はなにかというと、会社ごとに事情が違うので一概にはいえませんが、おそらく多くの場合は「従業員と経営者との関係性」にあるはずです。

従業員を大切にする経営者のもとには人が集まってきて、自分から会社を辞めようとはしないものです。経営者の想いに応えるために自分の力を使おうとしますし、自分にできることを増やそうとして勉強もします。そうやって仕事も人間的にも成長していけば、リーダーも育ってきます。成長できる環境や伸び伸びと働ける環境を求めて、新たな人材も入ってくるに違いありません。

ここで私がいう「従業員を大切にする」とは、給与や福利厚生などの待遇だけでなく、従業員の心を満たすことをいいます。具体的には個性を尊重することやそれぞれの強みを伸ばすこと、本人のやりたい仕事ができること、仲間と高め合えることなどです。その人がその人らしく働いて、もち味を活かして輝けるというのが私の理想で、そういう関係性を従業員と結ぶことができれば、すべての物事は良い方向に動くと考えます。そうなれば必然的に会社の業績も上がっていきます。

## 従業員を大切にする経営で年商１００億を実現

私自身は創業時から従業員を大切にすることを一生懸命にやってきました。２０２３年で創業21年を迎えましたが、ここまで順調に事業成長を続けることができています。

私の会社は社員1人からスタートした弱小の物流商社です。それが現在はグループ全体で社員数300人、年商は100億円を超えました。

採用面でいえば、この10年は毎年10人ほどの新卒者が入ってきます。この規模の会社でコンスタントに新卒10人を採用できる会社はあまり多くないと思います。

定着率でいうと、中途採用を合わせて年間15人ほどの新入社員がいますが、辞めるのは年に1～2人いるかどうかです。厚労省のデータで「新卒の離職率は大卒者で3割、高卒者で4割」とあるのに比べるとかなり低い値といえます（2021年10月「新規学卒就職者の離職状況を公表します」）。離職理由も会社とのミスマッチや待遇への不満というのはほぼなく、ほとんどが家庭の事情でやむなくというケースです。

人材育成ではリーダー人材や後継者の育成も進んでいます。私のなかではあと数年で事業承継を完了する計画で、後継者の育成および組織づくりをしてきました。いわゆる高学歴の人材を採用時に選んでいるわけではありません。私は学歴は重視しておらず、本人のポテンシャルに注目するので、なかにはほかの会社が選ばないような個性的な人材もいますが、実は伸びしろが大きく、一人ひとりが秘めた能力は非常に高いものがあります。それを引き出し、結集することでチームとしての生産性が発揮できています。

中小企業では高学歴の人材が集まりにくいから生産性が低いと考えている経営者も多いかもしれませんが、どんな人材でも育て方次第でエースになれるし、社員同士の絆を深めれば強いチームにもなっていけます。中小企業だからできないではなく、中小企業だからできる経営というのがあるのです。

## 固定概念にとらわれない経営が中小企業には必要

自分の経営に自信がなく、外に正解を求めようとする場合、参考にするのはたいてい大企業のカリスマ経営者が書いた本です。実績を出している経営者の言葉は信憑性があり、自分もそうなれたらという希望をもてます。

しかし実際のところ中小企業と大企業では経営の質が違うので、大企業のセオリーは中小企業には通用しないというのが私の意見です。

例えば人材採用のセオリーでいうと普通は自社の採用基準をつくり、選定をマニュアル化するのが良しとされています。そのため出身大学や資格などの条件で選んだり、自社の基準点より上なら合格にしたりというように客観的な指標で計っているところがほとんどですが、私はあえて好き嫌いという主観で選びます。そうやって今いる社員たちを採用してきて、正解だという確信があるからです。

また最近は褒めて育てる育成方法が主流ですが、私は見込みのある社員ほどあえて難しい試練を与えて失敗を体験させます。どんどん叱って鍛え、課題がクリアできても褒めません。世間では下火となったアフターファイブの飲み会も頻繁にやります。飲みの場では体育会系のノリがまかり通っています。

こんなふうにいうとブラック企業だ、時代遅れだと思われそうですが、そこには私なりの経営哲学と信念があるのです。よそからブラック企業だと揶揄されても私は気にしません。パワハラ体質の企業なら社員がどんどん元気を失って辞めていくはずですが、私の会社はそうなっていません。むしろみんなモチベーションは高く、次は何をしてやろうという意気込みで働いているのがそばにいて分かります。会社や仲間が好きな社員たちの集まりなので、なかなか定時で帰ろうとしませんし、私が誘わなくても勝手に飲み会を開いています。職場のみんなと同じ場を共有することが純粋に楽しいようです。なんとなく学生時代の部活の雰囲気に似ているかもしれません。

私の経営はすべて社員を幸せにするためという想いからスタートしています。どうすれば社員が楽しく仕事できるか、幸せになれるかを考え、一人ひとりに合ったコミュニケーションを追求してきました。その結果として、今の型破りな経営スタイルが出来上がったのです。大企業のセオリーからは遠く離れていますし、どこの会社のやり方とも似ていませんが、私はこれが私にとっての正解だと思っています。

ちなみに私の経営手法や経営哲学について話をすると、ほかの経営者仲間からはそれは難しいとか、そんなことできないなどと言われます。ところが、できないと言っていた人たちも試しにやってみると効果があったと言ってくれることがほとんどです。

例えば社員と食事をともにすると良いよとアドバイスすると、最初はなんのためにそんなことをするのか、食事くらい仕事を忘れてゆっくりしたいという反応が返ってきます。ところが、実際に社員を誘ってごはんをごちそうしてみると、思っていた以上にいろいろ話してくれた、社員がやる気になったなどという手応えを感じて、今までの概念が覆るようです。

私に言わせれば、取引先を接待することと同じくらい社員と食事をする機会が大事だと考えています。取引先を大切にすることは、社会人であれば当然であり誰もが実践しています。しかし、同様に自社の社員も大切にすべきだと気づいていない、あるいは気づいていても実践できていない経営者が多いように思うのです。

会社のために一生懸命働いてくれているのは誰なのかを考えたら、まぎれもなく社員のはずです。社員なのだから働いて当たり前と思っている会社が良くなるわけがありません。ブランド力のある大手企業なら○○社の社員というネームバリューが社員のプライドになるので、この会社のために働けと言うのも通じるかもしれませんが、中小企業はそんなブランド価値などほとんどないに等しいです。それなのに会社のために働けという意識でいると社員の心は離れていくばかりです。

私は、社員には自分のために働きなさいと言っています。社員たちが自分のために働いた結果が、会社の利益になると考えているからです。

## 中小企業が大企業の戦略をまねするのはナンセンス

なぜ常識やセオリーにとらわれない独自の経営スタイルを貫いてきたかというと、大企業の経営をまねしても効果が出ないと思っているからです。

そもそも多くの人が信じている経営の常識というのは、大企業のカリスマ経営者がやってきたことです。実績を出してきた大物経営者が正しいというのだから、それが正解なのだとみんな信じて、自分もまねすれば成功できると思っている人は多いはずです。

しかし、大企業と中小企業とでは、組織の規模も資金力も人材の質もまったく違います。社員30人の会社と社員３０００人の会社では、一人ひとりが担う役割も違えば、組織の構造も違うため、取得すべきスキルも違ってきて当然です。とするならば両社が同じ内容・カリキュラムで育成するのは土台無理な話なのです。

大企業のような福利厚生もなければ、報酬も出せないのが中小企業です。にもかかわらず、大企業に倣って立派な制度や仕組みを導入しようとするのは、小さな子どもに大人の服を着せるようなもので、まったく身の丈に合いません。

ピッタリなサイズの服をしつらえるためには、自分の身体に合わせた型紙をつくって生地を選び、身体のラインが活きる縫製をする必要があります。既製品を買ってくるよりも手間や費用が掛かりますが、その分、動きやすくメンテナンスしながら長く愛して着ることができます。経営も同じことで、自社にいちばんピッタリくるやり方を追求したほうが長い目で見たときに効果は高くなるのです。

## 大企業と中小企業では集まる人材の質が違う

なぜ大企業の経営をまねしないほうがいいと私が考えるか、もう少し詳しく話すと、大企業と中小企業では集まってくる人材の質が違う点があります。

大企業が採用する新卒者は、そもそも教えなくてもできる人たちの集まりであることが一般的です。多数の応募者のなかから選考されているだけあって会社がいちいち面倒を見なくても、ある程度は自分でやっていける人材が大半なのです。そういう手の掛からない人材を大企業は選ぶことができる立場にあるということです。

なかにはわずかなことを聞いただけで全体状況を理解できるような人材もいます。若くても面倒見が良かったり人に教えるのがうまかったりする人材もいます。仕事ののみ込みが早く、人間的にも良い人材をピックアップして特別なリーダー教育を施していけば、自ずと管理職が育ち、ピラミッド型の組織をつくっていけます。

一方、中小企業はそもそも人が集まらないという状況にあります。学歴の高い学生は大企業に採用されていくので、中小企業には中堅以下の学生が来ることになりますが、それをたくさんの会社で取り合わねばならないのです。中小企業のなかでも比較的ネームバリューがある会社や待遇の良い会社から優先的に人が流れていきますから、弱小企業は選り好みなどできません。会社に採用力がなければ、望んでいる人材像とは違っても妥協して採用せざるを得ず、社会人としてのマナーができていなかったり、社会の仕組みを理解していなかったりする人を採用するケースも出てきます。

社会人としての基礎ができていない人材にいきなり高度な仕事をやらせようとしても無理なのは目に見えていますが、即戦力が欲しい会社になると、じっくり育てる余裕がありません。すぐに一人前の働きぶりを要求してしまい、新人を疲弊させて離職に追い込んでしまう……という失敗パターンをよく聞きます。

ですから、中小企業では「優秀な人が集まらない」と嘆くよりも、最初から高望みはしないで一から育てるつもりで採用するというのが成功への第一歩です。

私も傍目に見て世の中を分かっていない、または社会人としてのマナーができていないという人材を採用してきましたが、実は彼らはできないのではなく知らないだけなのです。きちんと教えてあげればできるようになるという真実を、私は経験から学んできました。

自分が育てることをしないで、いつまでもできるようにならない社員に業を煮やし、うちの社員はみんなバカだなどとけなしてしまう経営者と出会うことがありますが、もったいないなと感じます。そのなかに、実はポテンシャルの高い人材（ダイヤモンドの原石）がいるかもしれないのに……、経営者の育て方次第で眠っている能力が開花する可能性があるのに……、まさに宝の持ち腐れです。

## 大企業と中小企業では１人の重みも違う

もう一つ、中小企業と大企業で大きく違うのは、社員1人の重みです。大企業は基本的に採用に困らないので、社員が辞めていっても大きな影響はありません。１０００人のうちの1人が辞めても、失われるのはわずか１０００分の1です。事業に影響を与えるほどの重大なダメージはないし、また次を雇えば補うことが可能です。

しかし中小企業はそういうわけにはいきません。仮に社員50人の会社で1人が辞めると、ダメージは１０００人規模の会社の20倍にもなります。

だからこそ、私の会社のような中小企業は社員を大事にして長く勤めてもらう努力をしなければならないと考えています。雇われているのだから働いて当たり前ではなく、いかに気持ちよく働いてもらうか、向上心をもって楽しく働けるかを、私は大企業の経営者以上に考えていると思います。

特に最近の若い学生たちは給与の金額や福利厚生の充実度よりも、自身のキャリアアップを重視する傾向が見られます。実際に就活生たちの話を聞いても、この会社で成長できるかを企業選びの条件にしているという意見をよく聞きます。このニーズに応えていくためには、社員の意見を積極的に取り入れ、社員満足度を高めるような制度や環境整備をしていくことが重要になってきます。

社員の意見を取り入れたり、社員が働きやすい環境を整備したり、キャリアアップを応援したりといったことは、必ずしもお金が必要なものではありません。むしろお金では解決できない会社の組織づくりや体制づくりこそが大事なのです。資金力の弱い中小企業でも人が辞めない会社はつくっていけると私が考える根拠はここにあります。

## 会社ごとに正解は違う
## 自社にとっての最適解を模索する

大切なのは、大企業と自社を比較してあれもできない、これもできないと嘆くのではなく、自社にマッチする方法を見つけていくことです。高学歴でなくても自社の戦力になり得る人材は実はたくさんいるのです。磨けば光る人材をいかに見つけて磨いていくか、いかに人材を蓄えて組織を強くしていくかが、中小企業の経営では問われます。

どういう人材が自社にマッチするのか、どういうスキルが必要なのかは会社によって違います。業種が違えば求められる技能も違ってきますし、経営者の考え方によっても重視するものが違うからです。それは経営者が自分で見つけるしかありません。

カリスマ経営者がこう言っていた、あの経営者はこれで成功した……というのは、たまたまそのやり方がその会社に合っていたに過ぎません。あくまで参考程度にとどめて、自社にとっての最適解を探すことが大事です。

そのような考えで取り組んできた結果、創業22年目の今、私にとってはこれが最適解だといえるものにたどり着いた感があります。まだ道半ばで完成はしていませんが、このまま進んでいけば理想に近づいていけると考えています。

ですから、この本に書かれていることはあくまで私にとっての正解なのであって、読者にとっての正解かどうかは分かりません。一部の読者を切り捨てるような厳しい文面に見えてしまうかもしれませんが、私は常々、自分の社員にも本音で話そうと言っています。

この本でも本音しか書くつもりはありませんから、この先の内容は読者によってはカチンとくることがあるかもしれません。不快であればそっと本を閉じてもらって結構ですし、書かれていることすべてを受け入れる必要はなく、そういう考え方もあるのかという程度に思ってもらえれば幸いです。

# 第2章

## 磨かれた人材ではなく、
## 原石を見つけて自社に合わせて磨く

# 中小企業は
# とことん社員の個性を
# 活かして伸ばせ

## 中小企業では磨かれた人材を求めるより、原石を見つけて磨く

まず私の経営の基本にある考え方についてお話しします。

中小企業では新規大学卒の若い人材を確保するのが難しい現状があるという話をしました。けれども、そもそも学歴の高い学生が来ないことを嘆く必要などまったくないというのが、私の人材や採用に対する考え方です。

いろいろな経営者の話を聞いていると、なかには学歴が低い子は能力も低いから仕事ができないと決めつけて、そんな子ばかりで会社が成長できるわけないと開き直っている人がいます。会社が成長できないことを、社員の学歴のせいにしているのです。しかし、学歴が高いからといってその人が本当に自社の戦力になれるかどうかは別問題であると私は考えます。

もし学歴の高い人材さえ来てくれれば、売上が伸びると信じている経営者がいるなら、給料を大企業並みに高くして理想の学生を集めてみるといいと思います。それで本当に成

果が出るかというと、おそらくは出ず、一時的には売上が上がったとしても長続きしないはずです。

学歴の高い人材のなかでも、採用市場で引く手あまたの人材は会社に要求するレベルも当然高くなるからです。それだけの人材を満足させられるだけの魅力が自分の会社にあるのか？と考えれば、給料だけではつなぎ留められないことが分かってきます。仕事のやりがいやキャリアアップなど成長できるビジョンがもてないと、そういう人材は逃げていくのがオチです。

もっと言えば、高学歴の学生のなかにも主体的に働けるタイプの人間と、指示待ち人間がいます。大企業の場合は、一般社員は上に指示された仕事を正確にこなせばいいので、指示待ち人間のほうが好まれるケースがあります。むしろリーダー人材以外は、素直に言うことを聞く指示待ち人間のほうが都合はいいのです。しかし中小企業の場合は指示待ち人間では会社の業務がうまく回っていきません。

中小企業では限られた人員で業務を連携しカバーし合う必要があります。自分の仕事だけ完璧にできればいいというのではなく、チームのなかの役割や責任を常に意識せねばなりません。また、資金を有効活用するために一人ひとりがコストの無駄をなくすなどの効率化も考えねばなりません。新規事業や新規顧客開拓にも積極的にチャレンジする必要があります。会社の伝統を若手に継承し、蓄積していくことも自分たちでしなくてはならないのです。

つまり経営的な視点が中小企業では一人ひとりに求められるということです。当然やる気や打たれ強さ、向上心、コミュニケーション力なども必要になってきます。こうした能力は、学歴とは直接関係がありません。

テストの点数が良くても機転が利かない、応用が利かない、コミュニケーションが取れない、自己中心的で社会性がない、マニュアルがないとできない、理屈だけこねて行動が伴わない……といった人材はたくさんいます。

学歴が高くてもモチベーションが低く、言われたことしかしない、責任の伴う仕事を嫌うといった人もいます。もちろん学歴が高くて、モチベーションや能力も高い人材はいますが、学歴が低くてもモチベーションや能力も高い人材はたくさんいます。

だからこそ、私は自社の採用では学歴にこだわりません。最初から手の掛からない人材が来てくれることを期待するより、原石を見つけて自社に合わせて磨き上げるほうがずっと楽しいと思っています。私の経験上、最初から出来上がっている人材よりも、良いも悪いも個性がある人材のほうが育て方次第で伸びしろが大きい傾向があります。大企業が選ばない人材にこそ、お宝が眠っているともいえます。

丁寧に原石を磨くことさえ怠らなければ、中小企業でも大企業に負けない経営がしていけます。

## 人を優先するか、数字を優先するか――選ぶのは経営者自身

とはいえ人を育てるより、まずは売上が大事という考え方をする経営者もいます。そういう人と話していると、社員を育てるのは大変だし時間も掛かる、それより手っ取り早く売上が上がる方法があればなあという本音が透けて見えるときがあります。

私はまったく真逆の考え方で、社員には時間がかかっていいし、手間暇も掛けるから存

分に育ってほしいと思っています。そもそも人が育つには時間が掛かるものなので、無理して早く育てとは思いません。

前者は「今日明日の売上が立てばいい」とする数字を優先する考え方で、後者は人を優先して「社員を幸せにしたい」「今いる社員と10年後も一緒に仕事をしていたい」と考えます。これはどちらが正しくて、どちらが間違いということではありません。そもそも経営は正解が一つではないし、ましてや他人が「正解だ」「間違っている」と評価できるものでもないからです。実際に目先の売上を追求することで成功している経営者もたくさんいます。

それに、私とて数字を大事にした時期もありました。創業期のように経営が軌道に乗っていない時期は、とにかく数字を出さないと明日がありません。また急な資金繰りの悪化で会社が存続の危機にあるならば、まずは売上の確保が最優先事項になります。

ただ、それぞれの考え方はあるにせよ、目の前の売上を優先したいという人には、この本は役に立たないと思います。この本のどこにも今日の売上を増やす方法や経費削減の知恵などは書かれていないからです。逆に、社員とともに会社を発展させていきたい、10年後も事業を続けていいたいと望む人には、この本は何らかのヒントになるはずです。

## 「利益＝お金」と考えていると経営課題に対して付け焼き刃の対策しかできない

私は決して利益を後回しにしていいと考えているわけではありません。そもそも会社というのは営利を追求する存在であり、利益が出ないとやっていけないのですから、利益を大事にするというのは経営の大前提です。

ただし、私がいう利益には売上以外のことも含まれています。社員が育つこと、組織が強くなること、会社が社会的な信用を得ることも、売上と同じかそれ以上に大事だと考えているのです。

世間一般では利益（営利）というと、まずお金を儲けることを思い浮かべると思います。経営を考えるときも売上をどうやって増やすか、どう節約して多くお金を残すかに目が向きがちです。そのため新しい機械を導入して生産力を上げたり、ＩＴ導入やＤＸをして業務効率を上げたり、人や物の整理をしてコストカットしたりといった対策が取られること になります。

これらの対策はもちろん有効ではあるのですが、残念ながら効果は限定的といわざるを得ません。なぜなら機械は設計された生産能力以上の仕事はしてくれないからです。生産能力が1・5倍の機械を入れて、製品を全部さばいたとしても、売上は最大で1・5倍にしかならないのです。

業務のシステム化についても、テクノロジーが代替できる仕事は限られていて、人の仕事の一部を肩代わりするに過ぎません。確かに業務負担は軽減されますが、だからといって社員のやる気が高まるわけでも離職率が下がるわけでもなく、根本的な経営課題はそのまま残ることになります。

利益＝お金を稼ぐことと考えてしまうと、モノやカネにばかり意識が向いて、沼から抜け出せなくなる――だから私はその考え方にはまりたくないのです。

## 売上の上げ方が分からない社長は、会社をやる資格なし

私の場合は売上を上げることを目指すのではなく、人間性を高める社員教育をし、組織のために働くことを喜びと感じる社員を増やすことを目指してきました。その結果、わざわざ目指さなくても売上が上がりました。

私は定期的に社内で経営塾を開いているのですが、外部の人にも参加してもらうと、御社は売上を上げることが前提で、そういう感覚でないとついていけないと思った、という感想をよく言われます。

もし自分のやっているビジネスで売上を上げる方法が分からない経営者がいるなら、会社を経営する資格がないと私はセミナーなどでも言います。そもそも自社のビジネスの仕組みや売上を出す方法は入社1年目で社員に教えるべき内容で、経営者が知っていて当然のことだからです。

売上を上げる方法が知りたいと本気で思っている経営者には「一日も早くベストな方法

で会社を畳んで、人の下で働いて能力を使ったほうがよほど幸せだよ」と言ってあげたいです。

売上の上げ方を知りたいと思っている経営者というのは、創業者ではなく2代目3代目に多い印象です。創業者はもともとゼロや借入してマイナスから始め、稼ぐ方法を自分で生み出してきた人たちです。だから情熱が違います。

会社を先代から引き継いで自分の代で潰すわけにいかないから、なんとか売上だけ出して続けていきたいというのが、2代目3代目の経営者に多いマインドのようです。

ビジネスというのは単純化すれば「売上－経費＝利益」になります。利益が欲しい経営者は、なんとか売上が倍にならないかというように、数字をどうにかしようと考えます。そして新しい機械を入れるなどするのです。

大事なのは売上を生み出しているのはなんなのかを見ることです。売上を生み出しているのは、例えば営業、商品開発などが挙げられます。そうすると営業や開発の強化をどうすればできるのかを考える必要が出てきます。営業や開発をするのは人なので、人を育てるという答えになっていくはずです。

つまり、人を育てると利益が出る、だから人を育てるという理屈になるわけですが、このとき利益が必要な理由が経営者自身のためなのだったら、会社など畳み、サラリーマンになって稼げばいいと思います。そのほうが気楽ですし、収入も安定しています。黒字のうちに廃業すればお金も残せます。それを元手にして、もっと自分が情熱を注げる事業で起業だってできます。

私がこの話をすると、自分はそこまで人を育てる覚悟がない、会社を潰せないという思い込みでやっていた、経営者として会社をどうしたいというビジョンはないと気づいて、スパッと会社を畳んでいく人が結構います。そして今のほうが幸せだと言う人もいます。

この話が分からない人、理解しようとしない人は会社を食い潰してしまいます。次の代に渡すときには財政状態はボロボロで、子どもも継ぎたがらず結局廃業……ということになりがちです。

## 会社が目指すべき利益とは「人と組織の強化」

前置きが少し長くなりましたが、話を本題に戻します。なぜ人を育てることが大事か、人を育てることで会社はどんな利益を得ることができるかという話です。

経営の神様といわれる松下幸之助が「企業は人なり」と言ったように、会社を発展させることができるのは、優れた技術でもすばらしい商品でもなく人です。優れた技術があっても、それを活用する人間がいなければ宝の持ち腐れになってしまいます。すばらしい商品があっても、販路を築いて消費者に届ける仕組みがつくれる人間がいなければ人気商品にはなり得ません。会社のイメージアップを図ってブランド価値を高めたり、イノベーションを生み出したりする原動力となるのも人にしかできない仕事です。

昨今のコロナ禍で飲食店はアルコールの提供が制限されたり、時短営業や休業を余儀なくされたりで経営の大打撃を受けましたが、そんななかでも知恵と工夫で生き延びた飲食店や、逆境を逆手にとって繁盛した飲食店もありました。店内飲食がダメならテイクアウトをやろう、デリバリーをやろう、宅飲み用のメニュー開発をしようというように機転を利かせて新しいビジネスモデルを生み出すことは、人にしかできません。

つまり人や組織が強化された会社はピンチに強く、時代に合わせて変わっていけるということです。それだけ長く存続していける可能性が高まります。

人や組織が育つと、お金の利益（儲け）はあとからついてきます。これは実際に私の会社であった話ですが、部長職の社員があるとき業績が60％から１２０％になったことがありました。私が面談で前と今で何が変わったのと質問すると、彼はやる気が違うと答えました。仕事のやり方を変えたとか、スキルが向上したなどの話はいっさい出ませんでした。気持ち一つで仕事の成果が変わってくるということです。

人にやらされている仕事は60～70％の成果が出ればいいほうですが、本人がやりたい仕事をさせると１２０％の成果が出せます。誰しも同じ経験があると思いますが、苦手な科目の勉強を3時間やれと言われると苦痛なのに、好きなゲームは3時間では物足りません。好き・やりたいという気持ちのエネルギーはそれくらいすごいのです。

私が目先の売上よりも、人を育てることを優先する理由はここにあります。社員をその気にさせ、モチベーションを上げることができれば、爆発的なパワーが引き出せます。そういう会社なら日々の利益が出せることはもちろん、10年後も発展を続けていけるに違いありません。

社員をやる気にさせられるかどうかが、経営者としての仕事のすべてといっても過言ではないのです。

## 個性に合わせてベストな教育をすれば誰でもエースになれる

では社員をやる気にさせるにはどうすればいいかという話ですが、これは社員の個性によって違います。一人ずつ成長のスピードが違うし、得意・不得意も違うからです。ただ一ついえるのは、どんな人材も伸びしろしかないということです。最初はできないことが多かったり、常識がなかったりしても、指導する側がしっかり導けば正しい方向に向かって伸びていきます。

私の会社には、いわゆるはみ出し者がたくさんいます。今でこそだいぶ会社らしくなってきましたが、かつては会社というより山賊の集まりのようでした。特に創業初期のメンバーは一般的な会社からは疎まれたり、上に反発して組織から飛び出したりした人物ばかりです。そのメンバーたちが今は役員として部下を育て導き、会社をがっしりと支えてくれています。

荒くれ者たちをどうやって育て、一つにまとめてきたかというと、それぞれの個性に合わせた育て方をしてきました。全員に同じ言葉を掛けても、本人が欲しい言葉でなければ響きませんし、タイミングが違えば逆効果にもなってしまいます。そこを指導者が見極めて、必要なタイミングで必要な声掛けをしたり、本人の意欲や成長に合わせて仕事や役職を割り当てたりしていくのです。そうすると、本人のもち味を潰すことなく、個性を武器として伸ばしていくことができます。

もともとガッツはある社員たちだったので、まずは稼がせてやるからな！と夢を見せました。そして自由に仕事をさせ、今日の収穫は？と手柄を確認して、みんなで共有し合いました。さらにこうしたらどうだとアドバイスを送って、もっと稼げる作戦を練るのです。

初期の頃は毎日のように就業後にみんなで飲みに出て、ワイワイ言いながらそんな作戦会議を繰り広げていました。当時のことを最古参のメンバーは梁山泊《りょうざんぱく》のようだったと言います。

梁山泊とは中国の長編小説『水滸伝』に出てくる、盗賊や政府に反抗する者たちの巣窟です。宋江という親分が癖の強い108人の豪傑を率いて北宋の朝廷と戦い、反体制のヒーローになっていく物語です。それと同じようなムードが創業期の私の会社には色濃くありました。実はこの梁山泊のムードこそが、私の会社のもち味であり、今も守り抜いている伝統です。

私たち自身は初期の頃をちびっこギャング時代と呼んでいますが、ガツガツ前のめりに戦いに出ていって、負けて戻ってもまた立ち上がる、そして最終的に勝利を収める……そういう泥臭い戦い方を私は大切にしてきたし、これからも大切にしたいと考えているのです。

## 「いい子」は求めない　真の実力者は社会からはみ出るもの

私たちの会社の戦い方は、大企業の戦い方とはまったく違います。大企業はもっとスマートに資金力を活かして勝っていくスタイルですが、私の会社はどこまでも人間の力で勝っていくスタイルです。大企業が殿様お抱えの武士なら、私の会社は浪人のようだと思います。格好悪くても良いから貪欲に生き抜いていくのが強みです。

ただ、今の若い人たちは創業期の頃とは性質が異なります。昭和のスパルタ式の教育で育ってきた私たちとは違い、平成のゆとり教育を受けてきた人たちなので、ガツガツしているというよりも、聞き分けも行儀も良い人が多い印象です。私に言わせると、やや上品過ぎるし素直過ぎるので、私の会社ならではの戦い方を覚えてもらうために新人教育では学校教育は忘れろということからまず教えます。

学校教育では先生の言うことをよく聞いて、言われた宿題を忘れず提出して、教科書をちゃんと覚えることを教えられます。そして記憶したことを正確にアウトプットすることがテストで求められます。たくさん覚えてたくさんアウトプットできる子＝優秀な子になります。高学歴というのは要するに、学校の勉強がよくできる子という意味にほかなりません。

しかしこれからの時代、情報の記憶量やアウトプットの速度・精度はＡＩ（人工知能）が勝ることになります。つまりこれからの社会で人間に求められるのは、新しい発想を生み出し、チャレンジして開拓していくことです。失敗から学び、改善改良していくことです。これらの力は学校では教えてくれません。

だからこそ新卒社員が入ってきたときに、君たちが学校教育で教わってきたことは、うちの会社では通用しないということを最初に研修するのです。

私が社員に求めていることは、自分らしく思ったことをどんどん発言して、失敗して怒られることです。学校では失敗するなと教えられますが、私は失敗は大歓迎です。失敗して怒られることで人は成長していけるからです。

大企業では怒られないように仕事をする人が多いように思います。言われたことをやって、怒られない程度にうまく手を抜くということを、徐々に覚えていくのです。

これは日本の学校システムがやりたいことより先生に怒られないことを選ぶようにさせてきたことに原因があると私は見ています。テスト勉強や宿題をするのも、生徒がやりたいからではなく先生に怒られないためです。

この刷り込みを上書きして消すのにはだいたい10年掛かります。ただし、学校からはみ出すようなちょっと変わった子を採用すると、２～３年で変わっていくことが珍しくありません。そういう子はまだ実力がないのに、やる気が勝ってやってしまいます。当然、壁にぶつかって悩むのですが、それがいいのです。普通は10年掛かることを２～３年でやっているので、そこで壁に当たってさらに２～３年悩んだとしても６年目で次のステップに行けます。つまり４年短縮できるのです。

むしろ学校教育のシステムのなかからはみ出すような子が、私は好きです。かつて会社の求人募集で「不良少年、集まれ」というコピーを載せたこともあるくらいです。

学歴などの目に見える条件というのは、他者との比較で上か下かを決める指標であり、その人の本質を表すものではないというのが私の信念です。ビジネスは人間力でしていくものですから、むしろ学歴で選ぶことのほうがピント外れだと思うのですが、なかなか理解してくれる人はいません。

これは分かってほしくて言っているわけではなく、分かってくれないほうが本当は私としては都合がいいのです。なぜなら他社が学歴フィルターで選んでくれるおかげで、私は本当に欲しい人材を選ぶことができるからです。

## 上司に物言う部下は昇進

私の会社では日報を活用しており、各自の日報をオンラインで管理できるようにしています。社員はその日にあったことを自分のページに書き込み、サーバーにアップします。ほかの社員はその日報を自由に閲覧したりコメントを書いたりできます。

この日報に上司への不満を思いっきり書いた社員がいました。普通の会社なら上司に文句を言うなど、とんでもない礼儀知らずで反逆児だと評価されてしまうところですが、私は彼を次の日から幹部に昇進させました。

この社員は、私が日頃から腹に溜めるなと言ってきたことを守ったのです。不平不満や納得いかないことを溜めていてはやる気が伸びないので、私はなんでも腹を割って話せと教えてきました。

彼が何を日報に書いたかというと、「自分はこの営業所を良くするために、こうしたほうがいいと思っている。だから、こういう言動をした。なのに、上司はダメ出ししてくる。どういう考えでダメ出ししているのか。私の言動が営業所のためにならないというなら、その理由を説明して正しい方向を示してほしい」というようなことを遠慮なく訴えたのです。

もちろん日報を上司本人が見ることを分かっていての行動です。私は彼の臆さずに物を言う姿勢や仕事への熱意、成長意欲などを高く評価しました。私が社員みんなにもってほしいと願っている経営者目線がそこには感じられたからです。

日報を読んだ翌日、彼を呼んで昇進させると伝えたところ本人がいちばんびっくりしていました。年功序列など関係ありません。間違っていることを間違っていると指摘できることの大切さを、私はほかの社員にも示したいと考えて、入社5年目の彼を幹部にしたのです。

後日この社員は、会社説明会で私がなんでも言っていい会社だと紹介していたことを、会社選びをしているときにも覚えており、そうした社風が気に入っていたものの、今回のことで本当にここまで言っていいんだと知って驚いた、と笑っていました。

ちなみに、彼は昇進後に2~3年の停滞期があり、修業のために地方の営業所に出向させていました。停滞することも私のなかでは想定内でした。いきなりの出世でうまくいくはずはなく、必ず壁に突き当たることは分かっていたのです。それでもあえて取り立てて、挫折を体験させました。そのおかげで今は殻を破り、本社に戻って私の秘書をしています。

## 怒られることはプラスになる　褒めないことの真意

私は社員にはどんどんチャレンジして失敗してほしいという考えのもと、社員には怒られることがどんなに得をすることであるかを日々説いています。怒られない無難な仕事をするのではなく、怒られる仕事をしようと言っていますし、ここではずっと怒られ続けるよ、褒められることはないよと教えます。

あえて叱ったり褒めなかったりするのは、その社員の成長を願ってのことです。よくできたね、偉いねと言われるということは、その程度のことしかできないと思われているということです。だから、私の会社では褒められると見くびられていると思えという共通認識があります。例えば、若手が想定外の大口の契約を取ってきたとします。上司が思わず「お前、すごいじゃん」と言うと、部下は「マジでやめてくださいよ。これくらい当然です」と返すというやりとりが、社内でブームになったこともありました。

私が社員に求めているレベルは高いので、普通の会社では十分に優秀とされる人間性や仕事ぶりでも私は満足しません。本人の実力以上の話をして、常に高い意識をもたせるようにしています。本人にしてみれば最大限の努力をしているのに、できても褒められるどころか、さらに上の話をされるので大変なことは間違いありません。レベルが上がれば上がるほど、次のレベルが課されるということは終わりがないのです。

その終わりのないゴールを目指し続けられるようにするのが、指導者である私の仕事です。たいていの場合、限界は本人が勝手に決めたものです。ここで良いと思えばそれ以上は伸びていきません。指導者は本人が思い込んでいる限界を取り払って、もっとできることを気づかせるのが仕事なのです。

## アキレス腱が切れない程度に背伸びをさせる

私の会社では一つできたらその上のことを要求するので、常に等身大の自分よりちょっとだけ背伸びした状態になります。無理に背伸びさせるとアキレス腱が切れるので、切れない頃合いを見計らって、ちょうどいい負荷を掛けてあげるのがコツです。

人はどんなにモチベーションが高くても、怒られることや失敗することが続くと、苦悩を深めて仕事を辞めたくなるときが出てきます。そういうとき、声を掛けて拾い上げることができれば、離職を防いでもう一度やる気を取り戻させることができます。

心が折れかけている社員には、悩んでいるということは成長している証であり、これを乗り越えた先に何があるか分かるかと問い掛け、その社員に成長した先に待つ未来を具体的に見せるようにしています。こうすることで、下を向いていた目線を上向きにし、もう一度頑張ってみようかと思わせることができます。

## 鉄は熱いうちに打て　成長期には全力で働かせるべき

政府が進める働き方改革に逆行するかもしれませんが、定時ではやり足りない、もっと仕事がしたいという社員もいます。目標や夢に向かって進んでいるときというのは自分がやりたいことをやっているので、こちらがなにも言わなくても勝手にやるようになります。

鉄は熱いうちに打てというように、モチベーションが上がって勢いがあるうちにやらせることも大事です。一段落ついたら充電期間をつくればいいので、本人がやりたがっているうちは、早く退社しろなどとは言いません。

人の成長曲線はきれいな右肩上がりの直線ではなく、階段のようになっています。一段グンと上がって、しばらく頭打ちになり、障壁を突き破るブレークスルーができると、また一段グンと上がる……の繰り返しです。一段上がるときには勢い、つまり大きなエネルギーがいります。だからこそ、勢いを出そうとしているときにストップを掛けて殺さないことが大事になってきます。

長時間労働がダメだというのは労働者の権利と健康を守るうえでもっともなことですが、私の会社の場合は社員が帰りたがらないのです。定時で帰っても査定に関係ないよと言っていて、私が有言実行の人間であることはみんな分かっています。だから、本当に定時に帰っても問題ないと了解したうえで、それでもあえて会社に残ります。

なぜ会社にいたいかというと、会社にいると仕事ができ、仕事を通して自分が成長できると理解しているからです。とにかく仕事がしたい、自分を高めたい、会社のためより自分のためにそうしたいと思っています。

上司に気に入られたいとか、頑張っているところを見せて褒められたい、ほかの人を出し抜きたい、自分がいない間に悪口を言われたくない、残業することで頑張っているアピールをしたい……といった打算や負の感情ではありません。

会社に残りたい、仲間と長くいたいという風潮は、創業当時からのものです。創業当時は自分たちの理想郷をつくろうと、みんな本気で思っていました。普通の会社で不満が溜まっていた人たちなので、自分が楽しく働ける会社、やりたいことをやっても怒られない会社をつくりたいとみんな思っていました。

その夢を語り合うために、社員は退社時刻を過ぎても会社に残って話をし、そろそろ事務所を閉めるぞというと場所を移って飲みニケーションをやっていました。要するに、同僚と一緒にいるのが楽しいから帰りたくないのです。そもそも労働だとも思っていません。

結局、みんなで飲みに行っても遊んでいても、仕事と夢の話しかしていませんでした。この仲間と理想郷をつくるんだという、その熱意でここまで走ってきたようなところがあります。

今も幹部たちとは飲み会をしますが、若い社員には無理強いはしません。来たかったら来ていいよというスタンスなので、私が誘っても気兼ねなく「参加しません」「今日はやめておきます」と言います。飲みのグループや飲まないグループがいろいろあって、それぞれが気の合うメンバーと自由に集まっています。そういう関係も本音なので、私は気に入っています。

私の会社の雰囲気は一般的な会社とはかなり違うと思います。一般社員でもトップの私にズケズケ言ってくることは日常茶飯事です。ただし、そのストレートな言葉の背景に敬意や信頼をもってくれているのが分かります。

ちょうど健全な親子関係で、子どもが親に忖度なく意見を言うような感じに似ているかもしれません。本音を言っても嫌われないことを知っているので、こういうことができます。

## 必ずしも出世を目指さなくていい　人それぞれの適性がある

私は個性を大事にする会社、自分らしく働ける会社を目指してきました。個性を殺さないために本音を大事にしています。

こんなことをいうと、嘘っぽい、きれいごとと思われるかもしれません。多くの経営者がこれを理想に掲げますが、みんなできていない現実があるから、どうせお前も口だけだろうと思われるのだと思います。しかし、私は本気で真面目にこれを追求しています。実際に個性を活かす会社かどうかは入社して3年ほどすると分かってきます。

私の会社のように300人も社員がいると、上昇志向が強い社員がいる一方で、ある程度のレベルで満足する社員も出てきます。今までの私の会社では上昇志向こそが正義という風潮があったので、このレベルでいいですと言い出しにくい雰囲気がありました。しかし今は、そういう考え方もあるよねと尊重できる社風になってきています。

報酬や役職はこれくらいで良いと思っている社員には、それも個性として認めます。全員が同じゴールである必要はないとみんなが理解できたことについて、私はうれしく感じています。

経営者として、社員に上を目指させることも大事ですが、それぞれの目標を自由に設定できることのほうがずっと大事だと考えているからです。もし社員が自分は今のポジションがいちばん働きやすい、これ以上になるとキツいと思っていても、それを言えない関係こそ私は望みません。

むしろ私はもうこれで精いっぱいと正直に言えることが本当の意味での個性の尊重であ

り、働きやすい職場づくりだと思うのです。

それに、本人がもう限界だというレベルまで来ただけで、会社としては十分にプラスの貢献になっています。会社の発展において上昇志向の人間は不可欠ですが、上昇志向の社員を支える社員も必要なわけです。攻めと守りでいえば、守りの社員がいてくれることは会社にとって大きな意味をもちます。そのまま今の活躍をしてくれれば十分ありがたいことなのです。

もちろん甘やかすわけではなく、今の仕事や役職のなかでのベストは目指させますが、無理に上に引き上げようとしてアキレス腱を切っては元も子もありません。全員が上を目指し続けなくてはならないと考えてしまうと、それは強制になって、経営者にとっても社員にとってもストレスになってしまうということです。

## 指導者としての意識とセンスを育ててリーダーにする

どの程度の負荷を掛けるか、どのタイミングで声を掛けるか、どこまでの成長を望むかといったさじ加減は、当初は私が一人でやってきました。昔は社員が少なかったので、毎日面談することもできたのです。しかし今は会社の規模が大きくなって社員数が増えたことや、営業所が全国にあって直接は会えないことから、私の代わりに指導ができるリーダーを育成し、各営業所に配置することをやってきました。

私が最終的に求めているレベルからするとまだまだ未熟なリーダーたちではありますが、少しずつ指導者としての意識やセンスが身についてきました。なかには上手に部下を導けるようになってきた社員もいます。私の考え方や指導法を受け継いで、代わりになれる人材（プチ経営者）を育てることこそが、組織づくりです。

## 未来の経営者を育てるのが経営者の仕事

私が社員教育で究極的に目指しているのは、一人ひとりを経営者になれる人材にすることです。個々の社員が経営目線をもって働くことができれば、無駄のない効率的な仕事をしたり、未来のビジョンを描いて戦略を立てたり、社員同士で育て合ったりしていけます。

社員を忠実なロボットとしてではなく、意志をもったプチ経営者として育てることが、強い会社をつくるためのコツなのです。

リーダーたちには日々の業務や私主催の経営塾、飲み会を通してなど、あらゆるシーンを活用して徹底的に私の経営の理念や考え方を注入します。

当然、個々の個性があるので私とまったく同じ考え方やセンスをもったクローンにはなりませんが、核の部分（考え方のDNA）を移植できれば本質は似た人間になります。

DNAの移植ができると、一つひとつのチーム、一つひとつの部署、一つひとつの営業所に私と近い考え方のできるリーダーを配置することが可能になります。すると、私がトップで指令を出したことが、意味や本質があまりブレることなく上層部から中間層へ、そして一般社員へと伝わっていきやすくなるのです。

組織づくりというのは、経営者と近い考え方をもったリーダーをできるだけ多く育て、要所に配置できるかにかかっています。複数いるリーダーのなかで最も経営者と近い考え方ができる社員を後継者にすれば、その会社らしさのDNAを引き継いで事業承継をしていくことができます。事業承継というのは株式のバトンタッチや、社長のポストのバトンタッチとしてとらえられがちですが、本当に大事なのはその会社らしさを伝統として延々とバトンタッチすることなのです。

## 人を育てることの重要性に気づいた第一のきっかけ

私の経営者としての最大のテーマは人を育てることと、個性を活かすことです。なぜこれがテーマになったかというと、いくつかきっかけがあります。第一のきっかけは今の会社を立ち上げる前、父の会社で働いていたときでした。

私は高校卒業時、希望していた大学への進学がかなわず、語学力をつけるためにアメリカに留学しました。しかし渡米してしばらくすると父と母が離婚することになり、母が別の運送会社を立ち上げることになりました。一緒に事業を切り盛りしていた母が抜けたことで、父が私を呼び寄せたというわけです。私は仕方なく留学を切り上げて帰国し、母と一緒に暮らしながら、父の会社を手伝うという複雑な生活を送ることになりました。

父は仕事をする人ではありませんでした。私は1カ月ほどトラック輸送の現場経験をしただけでいきなり専務になりました。そうなると社員たちの不平不満はすべて私に向けられます。なんとかしなければと経営者の頭になって考えようとしたことを覚えています。

今から思えば、あの頃に人のマインドを変えるには、また気持ちよく仕事をしてもらうにはどうすればいいかという人材育成の意識が私のなかに芽生えたのだと思います。

## この会社で良かったと思わせることが経営者としての目標

改めて人材育成に向き合うことになったきっかけは、会社を創業して3年目で新入社員を迎えたことです。社長である私と事務員の2人だけだった会社に、取引先の運送業者の社員だったS君が入社してきてくれたのです。もともとS君とは相通じるものを感じていて、会社は違いますが先輩後輩のような関係でした。S君が取引先の会社を辞めるというタイミングで、なにかいい働き口がないかと相談されたので、私がうちに来るかと声を掛けたのです。すると、S君は人生をささげて一緒にやりたいと言ってくれました。

この出会いによって、私はここまで自分のことを信頼して入社する人がいるなら真剣にやろうと強く思いました。吹けば飛ぶような無名のこんな小さな会社に、自分を信じて人生を預けてくれる社員がいるから、決していい加減な対応などできません。よそに勤めるより、この会社で良かったと絶対思わせてみせる――それが私の経営者としての目標になりました。

これまでは「自分が食べていくために」という動機だったものが、「自分を慕ってくれる人のために」と考えるようになったのです。ここから人材育成について真剣に取り組むこととなりました。

どうすればS君を幸せにできるか、面白い仕事をさせてあげられるかと毎日考えていました。そうやって私自身のモチベーションや目指すベクトルが変わったことで、業績にも変化がありました。売上が一気に倍以上の7億円になったのです。「人が育てばお金はあとからついてくる」というのが真理であることを確信しました。

売上が上がったとき、私はS君に私たちの取り分を多くするか、社員を増やすか、どうしたいかと聞きました。S君の答えは社員を増やして会社を大きくしたい、でした。そこで私は会社を大きくしようと決意し、理念に共感してくれる人材を集めることにも力を入れるようになったのです。ここからは個々の人材育成に加えて、組織づくりもテーマになっていきました。

当時は採用のやり方も知らなかったので、取引先の会社で浮いている社員や、辞めてしまって今ぶらぶらしていると聞いた社員に一人ずつ声を掛け、一本釣りでスカウトしていました。

そうして集まったのが山賊のようなメンバーたちです。彼らは個性が強過ぎて普通の会社の枠には収まりませんが、だからこそ私は見込みがあるし、一緒に仕事がしたいと思いました。彼らの人間性の面白さに惹かれたのです。メンバーたちのほうも私の人間性を面白いと感じてくれ、一緒に理想郷をつくろうとなりました。

その後も楽しそうな職場、急成長している事業というので、次第に人が集まってくるようになり、気づけば売上は16億円、社員は20人になっていました。

そのときの私たちの気持ちは「もっとやれるよね、俺たち」「こんなもんじゃないよ」でした。イケイケドンドンの勢いで働き、自分たちがどこまで行けるか楽しくて仕方がありませんでした。これがちびっこギャング時代です。

## 平凡な人材をエースに育てるコツは、型にはめずに型を許す

父の会社で専務をしていた時代、万人に受ける会社にしないと、人が入ってこなくて大きくなれないと思っていたことがあります。万人受けするような会社にするために社員一人ひとりと話して均質化していこうとしたのですが、個性がみんな違うので無理だと思い知りました。会社をこうしていきたいという話をしてもＡさんは分かってくれるが、Ｂさんは分かってくれないとか、ＡさんがやりたいこととＢさんがやりたいことが全然違うということが当たり前にありました。

そこで私の会社では万人受けはやめて、型にはめるのではなく型を許すスタイルに変えました。私の採用の基本的なスタイルは、一般的な基準では規格外に見えるが、本当は秘

めた力がある人材を見抜いて採用しています。規格外というのは、学校教育の枠でいういい子になれなかった子という意味です。

あるいは一見すると大人しいように見える子や、平凡に見える子でも内側に炎をもっている子は選びます。

こういう子たちは、型にはめようとしてもダメなのです。もともと学校教育になじめないとか、学校教育で良さを発揮させてもらえなかった子たちなので、型というものとの相性が悪いのです。型から解放して自由にさせ、良いところを見つけてそれを活かせる場所を与えていくと、大量生産とは違う唯一無二のきらりと光る人材になります。

私はそうやって、かつての猛者たちをその気にさせてきました。今の会社は創業時よりかなり品が良くなってきましたが、当時の色合いは残っています。会社のスタイルを面白いと思ってくれる新入社員が入ってきているので、創業時の雰囲気は受け継がれています。

## なぜ人材教育を諦めないで続けられるのか

ただし、一朝一夕に人を育てることは不可能です。長い年月を掛けて少しずつ育てていくしかありません。

よく人からは「よくそんな根気があるね」「人を育てるのが嫌になることはないのか」と言われます。私は諦めが悪くて、ずっと理想を追い求めているのです。だから教育をやめられません。私が求めるのをやめない限り、社員は伸びていくし、会社は強くなっていきます。

私は最初、S君に稼がせてあげると約束しました。そのために、彼が輝ける場所をつくろうと思いました。世間一般の常識にはまるように矯正するのではなく、彼が彼のままで良さを発揮できれば、ポテンシャルを最大限に使って稼げる人になれると思ったからです。S君のあとに入ってきた社員たちにも、そしてこれから新しく入ってくる社員たちにも、私は同じように可能性があると思っているし、輝けることを確信しています。

それだけ目を掛け、気を配り、愛情を注いでベストな育て方をしてきた自負があります。これほど全社員のことを見て、将来を考えている会社はほかにないと思います。本人が見えていない未来を、経営者である私は見ています。こういうふうに導いてあげれば、こうなるというのが分かるのです。社員の未来が見えるというのは特殊能力かもしれないと感じることもありますが、これは経験のなかで磨かれていくセンスだと思います。

## 仕事ができないのは社員が無能なのではない、経営者が無能なのだ

強い言い方になりますが、もし自社の社員は仕事ができない、能力が低いと思っている経営者がいたら、それは社員のせいではありません。その子の良さを見つけて活かすことをしてこなかった、経営者が悪いのです。

経営者に人を育てる能力やセンスや覚悟がないと、社員はいつまで経っても仕事ができるようにはなりません。教育する時間がないから、資金的余裕がないからというのは、た

だの言い訳です。そのくせ儲けだけは欲しがる、儲けの出せない社員を叱る、そういう経営者のもとで働いている社員は不幸です。

本当はもっと稼ぐ力があるかもしれないのに、もっと大きな仕事ができる力があるかもしれないのに、世の中にない新しいものを生み出す能力があるかもしれないのに……と思わずにはいられません。

経営者というのは人を育てるのが本業だと私は思っています。

私の経営者としてのいちばんの強みは、人を育てることが好きであること、社員の成長が自分の喜びだと感じられることです。これがあるから楽しみながら社員教育がしていけます。諦めようとも思いません。そうやって人が育っていった先に、お金という収穫ができるのです。

# 第3章

学歴は不問！　原石には個性が1つあればいい

# 伸びる人材を見極めて採用する

## 自社に共感する人材を選べるかが採用の成否を分ける

理想の組織づくりをするためには、まず自社の考え方に共感してくれる人材を集めることが重要です。とにかく人が欲しいからと焦って「来てくれるなら誰でもいい」という採用の仕方をしていると、結局育成に時間が掛かりますし、愛社精神も育ちにくく離職につながります。一方で学歴を重視して即戦力の人材を集めたとしても、自社への共感性が薄いと一枚岩にはなれません。やはりいちばん重視すべきであるのは自社への共感だと考えます。

会社説明会や採用面接といった限られた時間・機会のなかで、いかに自社の考え方を伝えるかや、共感してくれる人材をいかに的確に見極めるかが、採用では成否の分かれ目となるのです。

どうやって見極めるのかというと、かなり特殊なやり方をしています。一般的な会社は採用ルールや採用マニュアルを定めて、人事メンバーが代わっても同じ質の人材を選び出せるように心掛けますが、私の場合はむしろ主観を大事にしています。例えば「学歴にこだわらない」「好き嫌いで選ぶ」「エントリーシートで8割がた決まる」などです。

そんな感覚的な採用で大丈夫か？と思うかもしれませんが、私の会社にはこの方法がいちばん合っているし、合理的だとも思っています。実際10年以上続けていて、育てがいのある良い人材に出会うことができている実感があります。

中小企業では新卒採用は困難だと思われがちですが、私の会社では毎年コンスタントに10人前後の新卒者を獲得しています。

## 新卒採用を諦めていてはなにも始まらない

中小企業経営者のなかには、新卒の採用をはなから諦めている人が多いと思います。私も父の会社で働いていたときは、こんな会社に新卒が入ってくるのは難しいだろう、もっと夢のある会社を選ぶだろうと思っていました。

しかし自分で起業して人材を増やすとなったとき、安定的に新卒が入ってくるようにならないといつまでも同じ人材不足の問題で頭を悩ますことになると思いました。諦めてしまってはなにも始まりません。選ぶのは学生だから、学生に選んでもらえる会社になろうと思ったのです。

２００８年にリーマンショックが起こり、２０１０〜２０１３年頃に企業の倒産や業績不振からリストラや採用控えが起きました。このとき、就活市場に学生が余っているのなら私の会社にもチャンスがあるのではないかと思い、初めての新卒採用に舵を切りました。後押しをしてくれたのは、就活転職支援のR社の担当者です。サラリーマン金太郎をほうふつとさせるような情熱のある人で、新卒向けの求人の仕方などを熱心にコンサルティングしてくれました。彼に企業説明会に出ませんかと言われ、２０１１年に初めて学生向けの企業説明会に参戦したのです。

立派なビルで開かれる会社説明会は９割以上が上場会社で、それ以外も名の知られた会社ばかりでした。こんな誰も知らない会社に学生が来てくれるのだろうかとも思いましたが、最終的に60人くらい集めることができました。上場会社のブースをのぞきに行くと20

人ずつくらいしかいないのに、私の会社は大盛況でした。というのも、ただブースで待っていては人が来ないと思ったので、自分から学生たちのところに行って、大企業にない面白いことをやっている会社だからちょっと話を聞いていかないかと、いわゆるロビー活動をしたのです。

説明会の最初には話を聞いて自分には合わない、面白そうじゃないと思ったら、その場で会場を抜けてくれて全然構わない、私にとって時間が大切なように、あなたにとっても時間は大切なものだから、無駄にしないようにと言いました。

そして、給料や福利厚生では見劣りすることが分かっていたので、「会社らしくない会社」「悪ガキでも活躍できる会社」「自分のやりたいことができる会社」などを売りにしてアピールしました。

たくさんいる学生のなかにちょっと目立つ茶髪の男子学生がいて、私の話を聞く態度や目の色で興味をもってくれたことが壇上からも分かりました。最後の質疑応答の時間に全員に対してなんでも質問してくださいと言うと、その彼が手を挙げて、「なんか分からないけど、社長と一緒に仕事をしている自分が見えるみたいです」と言い出しました。私は一発で気に入って採用を決めました。この彼がのちに上司に物を言って幹部に昇格する社員になります。

## 予算や労力をケチらなかったことが成功要因の一つ

新卒採用を業者に依頼すると、契約金は当時で数百万円になりました。中小企業にとっての数百万円は大きな出費です。1人も採用できないと数百万円が無駄になってしまうので、経営者が二の足を踏む気持ちも分からないではありません。

私の場合はこの経費を無駄にはしません。必ず採用をやりきるという強い信念で進めました。最初から無駄になることを前提で物事を考えるのか、成功するイメージ（執念）で考えるのか、このマインドの違いは大きいものがあります。私はなにがなんでも収穫をもって帰る気でいたので、数百万円を投資することが怖くありませんでした。ちなみに今も年間で1000万円近くを新卒採用に掛けています。

大手の場合は人事課があって採用の仕組みができているので、毎年それに従って進めていけばいいですが、中小企業がゼロから採用の仕組みをつくるのは骨が折れます。企業紹介のパンフレット一つをつくるのでも、未経験のことで時間も人手も掛かるからです。しかし、大変だからと避けていると永遠に採用の仕組みはできず、新卒の獲得は遠のいていくのです。

こうした予算の問題、労力の問題があるのは確かですが、会社のお金の使い方を見直せば数百万円は決して捻出できない金額ではありません。どこかの無駄を省けば都合が付けられるものです。

労力についても社員の協力があればなんとかなります。パンフレットのコピーを考えるのが上手な人がいたり、デザインのセンスがある人がいたり、写真を撮るのが好きな人がいたりなど、意外に才能を秘めているものです。そういう人を担当者にして、パンフレット制作会社とやりとりさせれば、自社の良さを盛り込んだ面白い資料ができます。

新卒採用のやり方やコツは頼まれれば喜んで話しますが、聞くだけ聞いてやらない人がほとんどです。今までに一人だけ、私の話を聞き漏らすまいとタブレット機器を持ち込んで録画しながら聞いていた経営者がいました。彼は100店舗以上の外食チェーンをフランチャイズ展開しているやり手オーナーです。今は大卒よりも高卒に注目して採用し成果を上げているようです。

私は青年会議所にも所属していて、たくさんの企業や経営者を見てきましたが、伸びている会社はみんなオリジナリティがあります。そして他社のいいところをまねして、自社に落とし込んで使いこなします。伸びない会社はプライドが高いため、人のまねをすると自分が負けたような気がするので実行できません。

## 求める人材像を明確にすることが大事

人材採用をするときは自社がどんな人材が欲しいのかを明確にすることが重要になります。そうでないと、会社と人材とのミスマッチが起こり、どちらも不幸になるからです。

私の場合は、ダイヤモンドの原石を見つけるために「学歴不問」「きらりと光る子」「運のいい子」「会社を好きになってくれる子」などを基準にしています。もちろんこれらは私の会社にふさわしい人材の条件であって、ほかの会社には必ずしも当てはまらないと思います。業種によっては必要な資格やスキルを重視しなければならないこともありますし、経営者の考え方によって学歴フィルターで選ぶというのも間違いではありません。

私の採用はかなり特殊なので、どういう意図でそういう採用になっているのかが分からないと思います。具体的に原石を選別するためには6つのポイントがあります。

―原石を見つけるには①―

## 学歴不問

私は人を見るときに、学歴はいっさい気にしません。学歴はあってもいいし、なくてもいいと思います。ただし、いわゆるいい子にはあまり興味を引かれません。

学校教育で優秀な子というのは、言われたことがそのままできる子です。それも一つの能力ではあるのですが、新しいことは生み出せません。会社を現状維持するには、昨日と同じことを今日も明日も繰り返しやる力があればいいので、言われたことをサボらずにやってくれさえすればなんとかなります。

しかし、私は会社を成長させていきたいので昨日と同じことをやっていたのではダメだと考えます。そのため新しい発想や、なにかしてやろうという意欲、固定概念にとらわれない自由さ、失敗を恐れないチャレンジ精神などを人材に求めます。学校教育では教わらない力の部分を見るので、学歴があろうとなかろうと関係がないのです。

確率的なことでいうと、そういう資質をもっている子は、いわゆる勉強がよくできるエリートには少なく、雑草育ちのほうに多い印象があります。

というのも実力があるからこそ既存の教育システムや常識にはまらないのです。枠に収まらないがゆえに、規格外という扱いになってしまいます。しかし、あくまで教育や社会の基準に合わないだけで、実力の世界（ビジネスの世界）で役に立たないわけではありません。例えば暴走族のリーダーは社会的には困った子と評価されますが、高い統率力があります。多くのメンバーを惹きつける人望もあります。東京六大学の野球部のキャプテンと変わらないポテンシャルがあるかもしれないのです。そういう本質を見ることが大事だと思っています。

当たり前のことをやって認められる会社はほかにたくさんあります。そういうのが好きな人は、そういう会社に行くのが向いていると思います。

―原石を見つけるには②―

## きらりと光るもの

学歴を見ない代わりになにを見るかというと、光るものをもっているかどうかです。今は採用担当に採用選考をさせていますが、新卒採用を始めて5年ほどは私が会社説明会に出ていって壇上で話をし、個別の面談などもしていました。全体で話を聞いているときの様子や、対面で話したときの様子などできらりと光る個性があるというのが分かります。

きらりと光る個性とはなにかというと、言葉では言い表しにくいのですが、一言でいうとオーラです。スピリチュアルな話に聞こえてしまうかもしれませんが、ざっと会場を見渡したときに、頭の上に特有の光を感じます。無色の子もいれば光の弱い子、強い子などがいて、オーラの強い子は私の会社との縁があると考えて最初に目をつけます。そして壇上で話しながら目線を送って、向こうも縁を感じてくれているかなとうかがったり、こちらの想いが届けと心のなかで念を送ったりします。時々、最初はオーラが見えなかったのに、私が話をしているうちに急に光りだすケースもあります。なにかの言葉がその子のなかに眠っていたものを呼び起こすのだと思います。

もっと一般的な言い方をすると、「大勢のなかにいてもその子だけ目立つ」「普通の格好をしているのになぜか目が行く」「その子と話がしてみたくなる」――そういうムードを発している子です。オーラというとうさん臭く聞こえるかもしれませんが、なんとなく気になるという感覚なら多くの人に分かってもらえるのではないかと思います。

オーラで選んだ社員の一人が、入社16年目のY君です。彼は元ひきこもりで、人と接するのがあまり得意ではありません。しかし会社説明会のときからなにか人と違うものを私は感じていて、将来の活躍する姿がイメージできたので迷わず採用しました。

最初の配属先は荷物倉庫の作業員でした。当時新しく立ち上げたばかりの作業場があり、とにかくやらねばならないことが多くて人手が足りなかったのです。しばらくは睡眠時間を十分に取れないまま働くような時期もありました。そんななかでY君は「いつ辞めようか」と思っていたそうです。

しかしその年の末、会社で毎年開いている恒例の大納会で、彼は「作業は地獄でしたが、上司の○○さんがいる職場は天国です」と言いました。この言葉を聞いて、私は感激しました。人と違う価値観でものを見られること、心がきれいなことに感動したのです。やっぱり採用して良かった、私の目に狂いはなかったと思いました。年が明けた新年度から管理部に引き上げ、今は私の参謀として働いています。

さらに私の場合はこれまでの経験のなかでインスピレーションを研ぎ澄ましてきましたが、研ぎ澄ませば研ぎ澄ますほど、オーラというのは数字や条件では表せません。

直感をインチキだ、不確かなものだと言うのは、そういう能力を磨いてこなかった人の言うことです。自分に研ぎ澄ましたセンスがないから、そんなものは存在しないと言うのです。

もっと言うと、研ぎ澄ましたセンスがないから数字や学歴などの判断基準がいることになります。学歴が高ければ一定の知識があり常識が備わっているという統計を、みんな信じているに過ぎません。統計はあくまでも統計であって、当てはまらないケースは山ほどあるのです。

つまり、大企業が見逃している原石がいっぱいあって、それを見つけて磨けば大企業のエリートにも負けない人材になれるのです。私の選び方以外にもさまざまな観点があるはずなので、自分なりの方法やセオリーを見つければ自社にとっての原石が見つけられます。


―原石を見つけるには③―

## エントリーシートに表れる個性を見極める

オーラに加えてエントリーシートも重視します。学生は履歴書が大事だと思って丁寧に書いてきますが、私は学歴などを気にしないのでさっと目を通して終わりです。むしろエントリーシートが大事で、実質的な第一次選考といってもいいかもしれません。

エントリーシートは事前に記入して持参させる会社もあるようですが、私は会社説明会を聞いたあとにその場で書いてもらいます。そのほうが反応がよく分かるからです。

会社説明会で自由な社風であることや本音を言い合う会社であることを伝えるので、それを受けてエントリーシートにも遠慮なくなんでも書いていいと言います。そこで本当に言いたいことを書いてくる学生は、見込みがあります。学校教育で教わってきた正解を書こうとしないで、本当に自分が思っていることを書くことができる、つまり学校教育の枠を崩せるという証だからです。たった1時間程度の説明会を聞いただけで、それができる人物は多くはありませんが、時々います。

今の学生は就活の本や大学の就活セミナーで、こういうふうに書くと印象が良くなる、企業側はこういう答えを望んでいると教えられてきます。そのためエントリーシートにも正解を書こうとするのです。それがこちらも分かっているので、書いているところに行って「ねえ、それって本音？」「君の本当のところが知りたいから、本音で書いてくれるとうれしい」と話し掛けたりもします。

エントリーシートは千差万別で、それぞれの個性がよく分かります。大きな文字で一行だけ書く学生もいれば、細かい字でたくさん書く学生、行儀の良いことを書いているなと思うと最後に本音を出す学生などさまざまです。

エントリーシートを見てこの子は見込みがある、うちの社風に合うと思った子は、ほぼ100%、さっきオーラがあると思っていた子です。たまにノーマークだった子が面白いエントリーシートを出してくることもあって、新たな発掘にもなります。

エントリーシートが良く、オーラもある子というのは、かなり高い確率で入社してきます。入社後もマッチング率が高く、早期離職はほとんどありません。

―原石を見つけるには④―

## 運が強い

4つめのポイントとして、私は運を挙げます。「オーラの次は運か。そんな抽象的で非科学的なもの……」と笑われても構いませんが、私は本気で運というものがあると思っています。

歴史を見れば分かるように、人は運に仕向けられています。自分では意図しない方向に物事が動いていったり、ポンと目の前に何かが現れたりします。敗色濃厚なときに神風が吹いて形勢が逆転するなどの逸話もあながち嘘ではないはずです。私自身はそういう体験をたくさんしてきました。例えばピンチのときに助けてくれる人が現れたり、これから頑張ろうと思った矢先に信頼できる社員が入ってきたりなどの体験です。

そういう流れやタイミングが来たときに、逃さずつかめるかどうかを私は見ます。運がある人は、波に乗って成り上がっていけるし、逆境でも生き残っていける可能性が高いからです。

分かりやすい例でいうと、飛行機の墜落事故で一人だけ生き残るといった奇跡が起きることがあります。九死に一生を得る人は究極的に運がいいといえます。

そういう運を生まれながらにもっている人がいて、運の強さは基本的に生涯変わりません。もし強運をもった人が会社に入ってきてくれたら、こんなに頼もしいことはありません。周りにも幸運をもたらし、事業にも福を呼び込んでくれる可能性が高いからです。

その一方で、戦略的に自分に優位な立場をつくっていける人もいます。学校でなにか悪さをしたとき、先生にこっぴどく叱られる生徒と、笑って許してもらえる生徒がいます。笑って許してもらえる生徒のなかには2種類いて、一方はもともと愛嬌があり人に愛される星のもとに生まれている人、もう一方は自分で努力して人に愛される人間になっていく人です。言い換えれば前者は運のいい人、後者は地頭のいい人です。ここでいう地頭とは学校の勉強とは違う、生きる術のことです。

地頭のいい人も自ら運命を切り拓いていけるという点で強いですが、無意識でそれができてしまう人（運の強い人）にはかないません。だから、私は運の強い人を優先的に選ぶようにしているのです。

どうやって運の良し悪しが分かるかというと、普段一緒に仕事していれば分かります。「思い返すと、物事が好転するときいつも彼がいる」とか「たまたま大事な場面に居合わせる人」などです。たとえ仕事で目立たなくても、強い運をもつ人材だと分かれば、大事なプロジェクトのメンバーに入れてみるなどして、その運が組織全体に波及するように工夫します。

採用の場面では運は「縁」という形で表れます。星の数ほどある会社のなかで自社に興味を示してくれるとか、ほかの会社に行こうとしていたのに急に気が変わってこっちに来るなどは、まぎれもなく縁です。

もともと私自身が運の強い人間だと思っているので、私に共鳴して寄ってくる人は同類のはずだという考え方がベースにあります。類は友を呼ぶという諺があるように、強運の人のところには強運の人が縁によって集まってくるものです。

数年前の話になりますが、新卒の年に私の会社の説明会に来た学生で、そのときは他社に就職していったのですが、2年後、そのときの未練から会社を辞めて転職してきたのです。「会社説明会のときに出会った採用担当の○○さんが忘れられず、自分も○○さんみたいになりたいと憧れてこの会社に来ました」と言っていました。この社員は私の会社に来たことで眠っていた運が花開き、他社で力を発揮できなかった分を取り戻すようにして、今は伸び伸びと活躍しています。

こんなふうに本物の縁というのは結びつきが強く、一度結ばれるとそうそう切れません。恋愛やお見合いと同じように出会うべくして出会うものなのです。

―原石を見つけるには⑤―

## 最終的には好き・嫌いで選ぶ

運や縁やオーラなどいろいろなポイントを挙げましたが、それらを総合した最終結論は好きか嫌いかになります。

採用担当をしている社員が最初に「どういう点を見て選べば良いですか」と聞いてきたとき、君がこの子好きだなと思ったら採用しなさい、あまりピンと来ないなと思ったら、縁がないということだから断りなさいと言いました。

就活生は多種多様な会社のなかから、なにかを感じ取ってこの会社に応募してくれるのです。それはその人の好きのアンテナに引っ掛かって、最後まで残ったということです。

こちらも複数の応募者のなかから1人を選ぶときは好きというアンテナに引っ掛かることが大事で、それが相思相愛ということでもあると思います。

普通の会社では好き嫌いの感情で人を選ぶなと言われると思います。好き嫌いは主観であいまいだからダメだ、もっとロジカルに客観的指標で選べというのがセオリーです。

職場＝働くための場所で、淡々と仕事をしてくれれば十分というシステマチックな会社ならそれでいいのかもしれません。自社に必要なスキルを測定するテストなどを行い、選んでいくのが効率的だとも思います。

しかし、私の会社はスキルより人間性を重視しているので、そういうテストや物差しでは測りきれないのです。

自分が好きだとほれ込んだ相手なら、仕事ができなくても教えてあげようと思えます。向こうも好きでいてくれるなら、楽しくコミュニケーションをしながら人間関係を深め、チームになっていけます。社員というのはずっと一緒にやっていく仲間なので、第一に好きでないとやっていけないのです。

「そんな選び方をしていたら人によって好き嫌いが分かれるだろう」「経営者が好む人材

と採用担当が好む人材は違うのではないか」と思うかもしれません。その点については、私は心配していません。採用担当者にも考え方や人を見る目を育んできたので、担当者がこの子と一緒に働きたいと思って選んだ人物なら間違いないと思えるからです。

新卒採用では、最初はなにもできない状態の人を採用することになります。その人に初月から20万円前後の給料を払っていかねばなりません。仕事での貢献はゼロなのに給料を払うというのは、会社にとって完全なマイナスです。気に入らない相手に給料を払うのは難しいと思います。

創業後に初めての社員S君が入ってきたとき、最初はなにも仕事ができませんでした。私はS君の分まで頑張って働いて、給料を出さないといけませんでした。そのとき思ったのは、もし彼がいつまでも売上を出せるようにならなかったとしても、自分の給料を割いてでも雇い続けたいということです。これが私の採用の根底にある考え方です。

新人で仕事ができるようになるまでには半年~1年掛かります。10人採用したら年間3000万円です。それでも欲しいと思える人材だけを採用することで、今のような団結力のある組織になってこられたと思っています。

ですから、採用担当者にも「この人に自腹でお金を払ってでも来てほしいか」を考えて最終ジャッジをしなさいと教えています。採用費や給料、教育費などは実際には会社が負担しますが、もし自腹だったとしてもこの人と働きたいかと考えてみると、自分の本心が分かりやすくなります。

―原石を見つけるには⑥―

## 光る個性がなくても「この会社が好き」なら採用

たとえ個性や能力がなくても、この会社が好きで、どうしても入りたいと言ってくれる人がいたら、私は間違いなく採用します。

もともとこの会社は誰も来てくれない会社だったのです。父の会社から独立するとき、ついてきてくれると思っていた社員はみんな背を向けました。そのことを思うと、この会社に入りたいと言ってもらえるだけで幸せですし、その気持ちに応えたいと思います。

実際に就活でどこの会社にも拾ってもらえず、最後のチャンスで私の会社に来た子を入社させたことがあります。

これは今、採用担当をしている社員から聞いた話ですが、応募者のなかに人前で話すのがとにかく苦手で、採用面接のときに一言も喋れない子がいたそうです。事前に考えてきたことをなんとか喋ろうとするのですが、うまく言葉が出てきません。さすがにここまでコミュニケーションが成立しないと落とすほかないかと思いつつ、担当者は彼に「最後になにか伝えておきたいことはある?」と尋ねました。すると「すみません、今日は失敗しました。もう一回チャンスをください」と言ったのだそうです。

担当者は「これまで何百人という就活生を見てきて、そんな根性を見せた学生はいなかった。だから彼に対する見方が一瞬で変わった」と言っていました。彼の意欲をくんで1週間後に面接を再設定したところ、たどたどしいながらもしっかり会話ができるようになっていたようです。その1週間、彼は大学のキャリアサポートセンターに毎日通い、何時間も面接の練習をしていたのです。その話を聞いて、人と違う努力ができる点を高く評価し、採用しました。

実際に仕事をさせてみると、努力の仕方がやはり違います。作業員という体力的にもハードな職場に配属しましたが、「なんでもやります！」と言って嫌な顔一つしません。喋ることが苦手な分、文章を書くのが上手で日報もしっかり書いてきますし、物事をよく考えていることが分かります。

もう一つ、こんな話もあります。新卒採用をスタートして初めての年に採用した社員で、コミュニケーションが苦手なＨ君という社員がいて、彼はスローペースで仕事の覚えも人の何倍も掛かります。しかし彼がもっているオーラは、ほかの人のものとはまったく違いました。そのオーラとは、この会社が好きだという光でした。

入社してくるとき、私はＨ君に10年で係長になれるといいねという話をしました。見込みのある社員であれば３～５年を目標にさせるのですが、彼の特性を考慮して10年という期間を提案したのです。それから10年後、彼は本当に係長になりました。私は実力の伴わない出世はさせませんから、彼は10年できっちりそれだけの成長をしたということです。

当初はウサギとカメでいえば明らかにカメだった社員が、今は部下の指導をして信頼を得ています。さえなかった外見も、髪を整えたり背広を仕立てたりして気を配るようになりました。どうすれば人が自分の言うことを聞いてくれるかを考えて、きちんとした身なりが大事だと気づいたのです。

なにより私がうれしいのは、彼の下にいるメンバーたちが彼をとても慕うことです。この前、H君とその部下を誘って釣りに行ったのですが、なにかにつけて部下は上司である彼を立てるのです。魚を釣り上げたのは部下のほうなのに、「Hさんが教えてくれたから釣れました！」とうれしそうに笑っている様子を見て、彼がいかに部下から愛されているかを知りました。

仕事の能力的に見て、将来的には部下のほうがH君より役職が上になると思います。そうなったときにもH君は部下の昇進を心から喜ぶし、部下だった社員は彼を立てるに違いありません。こんなすてきな職場が成長していかないわけがないと本気で思っています。私はH君を採用したことを誇りに思っているし、それに応えてくれた彼に感謝しています。

## 控えめ、頭でっかち　これもまた良し

近年の私の会社の採用傾向としては、黎明期のメンバーほどとがった個性は少なくなってきました。平成の褒め育てやみんな仲良く平等といった教えを受けてきているからです。ただし、会社説明会で私の会社が世間一般的な会社ではないという話を聞いて興味をもってくれる人たちなので、表に出さないけれども内に熱いものを秘めているタイプが多くなってきました。

昔は入社したその日から我を出してくる社員が多かったのですが、今は1年目は周りを見ながら様子をうかがっていて、少しずつ小出しに試して、ここまでやって大丈夫かと確認するタイプが多いです。そうやって少しずつ学校教育の殻を破って脱ぎ捨てていきます。

例えるなら、初期の社員は名前もなき雑草です。コンクリートの下から芽を出して、好き放題に生えています。そして太陽の光を浴び、空を目指してぐんぐん伸びます。今の若手たちはタンポポのようです。かわいらしいですが、花屋に並ぶような花ではなくやっぱ

り自然を生き抜くたくましさを秘めています。

もう一つの傾向として、知識だけは豊富な頭でっかちタイプもよく見るようになりました。大学の授業で経営の勉強をしていたり、社会人の先輩からビジネスのことを聞きかじっていたり、経営本を読んでいたりする学生も増えています。企業説明会などでも経営者と変わらないようなレベルの話をしてくる学生もいて、批評的に会社を見ていることに感心させられることがあります。

私は頭でっかちな学生は大好きです。自分なんてと自信のない子より、生意気で自信過剰なくらいのほうがハングリーさがあり、入社後にドカンとやってみせようとします。当然、失敗しますが、そのガッツがあれば急成長できます。

知識があるなら足りないのは経験だけですから、いろいろな経験をさせて、自分がこれまで学んできた知識が正しいのか考えさせればいいのです。思っていたようにいかないという経験を経て、なぜうまくいかないのかを考え、改良していくことで自分のものとなります。知識（知っている）に経験（やる）が加わると、本物の知識（できる）になっていきます。

ただし、頭でっかちで行動が伴わないのは困ります。ただの批評家になってしまうからです。

## 縁故入社は大歓迎 どんどんやるべき

一般的な会社では、血縁や親戚関係を利用して採用する縁故入社は嫌われます。実力もないのに優遇されて面白くないと現場の不満が溜まり、社内がギクシャクするからです。

しかし私は社員の子どもがうちに入社したいと言ってきたら、一も二もなく採用します。私の会社ならではの考え方・生き方をしている親から直接影響を受けて、それが良いと思える子ならエリート教育を受けてきたのと同じだからです。ゼロの状態から教えなくても基本的な感性は備わっているはずなので、それだけ育成がスムーズに進みます。

大事なのは実力もないくせにというやっかみが起きないようにすることです。縁故入社してきた社員にミッションを与えて、実力や人間性が十分にあることを証明すれば、現場は納得します。

英才教育という意味では、私は自分の子どもにも将来、後継者となれるように教育をしてきました。長男は大学1年生にしてすでに経営者としての意識や考え方を身につけており、これから実務経験を積ませれば組織のトップになれると思っています。

ただし、今後もし社員のなかに息子よりも人間的に優れ、トップの器としてふさわしい人材が育ってくれれば、私は息子ではなくその社員を後継者に選びます。最も会社への愛が深い人間に会社を継いでいくというのが、みんなが幸せになれる方法だと考えているからです。

## ハズレ人材などいない むしろ全員伸びしろしかない

採用シーンではハズレ人材という言葉を聞きますが、私は人材に当たり外れはないと思っています。どんな人材も育て方次第であり、そもそも欠点しかない子というのは存在しません。強みと弱みは表裏一体で、欠点に見えるところが実は長所なのです。

例えば臆病というと欠点になりますが、慎重さというと長所になります。逆に大胆さは長所になりますが、詰めの甘さ、うかつさにもなり得ます。要は欠点を見つけてダメ出しするのではなく、欠点＝長所ととらえて強化していくことで、その人はストレスなく伸びていけます。

日本の教育は悪いところを見つけて矯正する、できないことをできるように克服させるという視点で行われてきました。弱い教科があると、集中的に補習して得点を底上げすることになります。好きな教科で10点アップするのと、嫌いな教科で10点アップするのと、どちらが楽かといえば前者です。無理に弱点を補おうとしなくても、強みを伸ばせば仕事では十分に成果が出せます。

できないことを減らすことは一見すると良いことのように見えますが、すべてが平均的にできるということは特徴がないということです。印象に残らないし、無難で終わってしまうことが多いのです。

だから人間は凸凹のほうがむしろユニークな存在になっていけます。思いっきり大きな欠点がある人は、それだけ強みに変わる可能性を秘めているということ、すなわち人材にハズレなどは存在しないのです。あとは指導者がどう育てるか、伸びしろを活かすも殺すも指導者の腕に掛かっています。

## 成長した姿をイメージし、1000手先を読む組織づくり

私は採用の段階で、本人がどんな可能性を秘めていて、今後どんなふうに成長していくかの将来像がはっきりとイメージできます。成長過程でどんな苦悩が待っているか、それを乗り越えさせるにはどうすればいいか、乗り越えたときどうなっているかなどが最初から見えているのです。

この能力を活かして、その人に合った育成プランや人員配置を組み立てます。

私の会社では毎年12月に内定式をします。内定辞退者はほとんどいないので翌年4月に入社してくる顔ぶれがこの時点でほぼ決まるわけです。12月の時点で私がなにをするかと

いうと、5カ月後の新年度をイメージして、この新人たちが入ってきたら組織がどうなるかをシミュレーションするのです。

新入社員の半年後、1年後、3年後が分かっているので、今いる社員のなかにこの新しい分子をミックスしたときに、どのような化学反応が起こるのか、それによって会社がどう変わっていくかが全部計算できます。つまり起こしたい化学反応を狙って、新入社員の配属先を決めたり教育係とのペア組を決めたりすることができるのです。

将棋では1000手先まで棋譜を読むといいますが、私が行っているのも同じです。例えば人を育てる能力はもともとあるのに意識がまだ弱い社員がいたら、あえて手の掛かる新入社員と組ませて、人を育てるとはどういうことかを学ばせます。自分が教えた新入社員が成果を出したとき、どれくらいうれしいかを体験させると、教えることの魅力に気づきます。すると、社員の心に指導者の目が生まれ、その意識で周りを見て人と接するようになります。教育係だから教えるのではなく、自然に人を導くような人間性になっていくのです。

## 人を見抜く目をどうやって鍛えたのか

なぜ人や組織の将来像が見えるのか、どうやって見えるようになったのかとよく質問されます。その答えは私にも分かりません。意識してトレーニングをしたわけではなく、気づいたらできるようになっていたというのが正確なところです。

ただ、今から思い返してみれば子どもの頃から人間観察はよくしていました。自分がどう行動したら、相手がどう反応しどう変わるかといったことを無意識で試していた気がします。

小学4年生のとき、私は級長になりたいと考えていました。黒板の前に立ってクラスのみんなを仕切るのがかっこいいと思ったからです。それで、どういう人間が級長になれるのかと分析しました。

よくよく見ているうちに、成績が良くて先生から選ばれるか、クラスの人気者で生徒から選ばれるかの2つのタイプがあることが分かってきます。そのときの私の成績はクラスの真ん中くらいで、勉強は好きでもなかったので人気者になるほうを選びました。そして、選挙日から逆算して何カ月前から行動すれば間に合うかを考え、ひそかに人気づくりをしていきました。

クラスで困っている子がいたら助けてあげ、いじめられっ子はそばにいて守ってあげました。いじめっ子には自分は仲間だと思わせ、中間層には仲良く遊ぼうと声を掛けました。その結果、満票で級長になれたのです。

小学４年生にしてそんな戦略的に級長を狙う子はまずいないと思いますが、私はそういう子どもでした。

ただ、やはり考え方が子どもだったので、級長に選ばれた途端に気を良くしてしまい、クラスメイトに対して横柄な態度になってしまいました。俺が級長だ、言うことを聞けという、いばり腐った態度になってしまったのです。そのせいで次の選挙では立候補したもののゼロ票でした。この経験から、私は人の心をつかむにはなにが大事かを学びました。

さらにこんなエピソードもあります。私が中学に入った１９８０年代半ばは、校内暴力や不良が社会問題になっていた時代です。どこの学校にも不良がいて、ケンカは日常茶飯事でした。

そんな学校生活のなかで、私はやんちゃをしても先生にかわいがられて怒られない人がいることに気づきます。そして、自分もそのポジションが良いなと思うようになりました。自分ではどうやってそのポジションを築いたのか覚えていないのですが、いつしか遅刻をしても門番の先生に怒られない存在になっていました。遅刻して説教を受けている生徒の横を、鈴木はいいから行けと通してもらえました。おそらく無意識でそういう先生との関係性づくりのための分析や努力をしていたのだと思います。

中学3年生の1学期には、成績は学年で真ん中くらいでしたが服装はバリバリの不良であったにもかかわらず生徒会長になりました。

ただし、私は生徒会長というポストが欲しかっただけで、会長としての仕事をしたかったわけではありませんでした。ただその代わり優秀な副会長を自分で指名して、実務は彼に全部任せていました。彼は彼で、自分がトップに立つより二番手で実権があるという、参謀的な立場がしっくりくるようで楽しそうだったことを覚えています。

あるとき生徒会主導であいさつ運動をやったのですが、そのことが新聞に取り上げられました。記事には「会長の鈴木君をはじめ生徒会のメンバーが……」と紹介されていました。私自身はなにもしていないのに、私の手柄のように書かれていたのです。これが組織であり、世の中なのだなと学んだ出来事でもありました。

こんなふうに昔から分析や戦略を自然とやる習慣があり、失敗からも学ぶことができていたのだと思います。ある意味で戦国武将に近いかもしれません。戦国武将たちは家臣をどうやって味方につけ、どう戦わせるか、どうやって領土を広げるかを常に考えていました。私が子どもの頃からやっていたことも同じだと思います。私はとにかく人に興味があり、人に影響を与えて成長させたい人間です。そして上昇志向が強く、こうなりたいと思うと、がむしゃらに頑張ってしまうところがあります。そういう生まれつきの性質や周りの環境で、今のような私ができたのではないかと自分では分析しています。

人を見抜く目を鍛えたいのであれば、その意識をもって人をよく観察することです。言葉は嘘をつきますが、行動や仕草は嘘をつきません。つまり本音がよく見えるのです。

また理論派の人はデータや根拠で割り切ろうとしないで、自分の勘を信じるのもよいのではないでしょうか。「好き嫌い」というのは感覚的なものだと思われがちですが、意外に根拠があるものです。今までの人生経験のなかで自分に合う・合わないのデータが蓄積されていて、コンピューターで計算するように瞬間的に好き・嫌いが判断されている気がします。そう考えれば、「好き」と感じる相手とは、高確率で相性が良いということになります。何がそう感じさせるのかを分析してみると、自分が無意識で大事にしている条件などが分かってきます。

# 第4章

## 仕事の成績向上だけでなく
## 人間としての成長を促すために

# 独自のルールで個性を潰さずに育成する

## 人として成長すれば仕事は自ずとできるようになる大事なのは人間教育

会社における人材育成・組織づくりというと、「仕事ができるようになる」「数字を出せるようになる」ことを目的として行われることが多いですが、私の場合は「人間としての成長」に重きを置いています。人として成長できれば、仕事もある程度はできるようになり数字も出せるようになるからです。

例えば人を敬う心があれば、身だしなみや言葉遣い、あいさつなど人として最低限のマナーは自然と身につきます。その態度や言葉遣いはビジネスメールの作成や電話対応などにも活きてきますし、客先訪問や会食の際の立ち居振る舞いにも反映されます。ビジネスマナーを一つずつ研修で教えても形を覚えるだけですが、根っこの「心」の部分を育ててあげれば、必然的にビジネスマナーはできてくるし、心のこもったマナーが実践できるのです。

つまり、良い仕事をさせたければ人間教育をするのが最も合理的で、一見遠回りに見えても結局は近道なのです。

では、人間教育をするために私が日々なにを実践しているか、というのが本章のテーマです。個々の人間教育ももちろん行いますが、会社は組織なので組織全体で人間教育ができる仕組みもつくっています。この組織に属していると自然と人間的に成長していくという、お互いが育て合う仕組みです。

例えば人間教育では「相手の個性を尊重し、個性を潰さない」ことが不可欠ですが、これを私一人で全員に伝えていくには時間が掛かります。社員同士でこれを実践できる仕組みをつくれば、私がいないところでもお互いに高め合うことができます。そのためにつくった仕組みがたくさんあるので、本章で順に紹介していきます。

## 社員が増えると「仕組みづくり」が重要になる

創業から20年以上が経った今、私が最も力を入れているのが仕組みづくりです。社員が少ないときはそれぞれの考えや判断に任せることができましたが、社員数が増えるにつれて考え方や判断の基準・方向性をそろえるための仕組みが必要になってきました。

例えば伝統工芸の職人のように、一人で完結する仕事の場合は職人が技術や情報をもっていれば事業がやっていけます。しかし複数の人でする仕事では他者との連携が必要になってきます。みんながバラバラに動くと連携はできないので、お互いの考え方や向いている方向を近づける必要があるのです。

価値観や行動基準などをそろえるときには、目標やルール、マニュアルなどをつくり、みんなが見える形にして共有することが大切です。具体的には会社の理念や行動指針の明文化や、業務のシステム化などです。

## 企業理念や行動指針も仕組みの一つ

会社の理念や行動指針も人間教育の効果を高める仕組みの一つです。これを掲げることで目標（理想のあるべき姿）を明確化し、価値観や判断基準をそろえることができます。

今は起業する前にセミナーやコンサルタントを利用する人も増えていて、事業のコンセプトを決めるとかブランディング戦略を立てるなど起業の流れを教えてもらうことが多いと思います。そのとき企業理念なども考えることになりますが、私の場合は我流でやってきたので、そもそも企業理念を考えるという発想がありませんでした。私と社員1人の会社だったので、意思統一そのものが必要なかったのです。

その後1人2人と社員が増えてきましたが、日々のコミュニケーションのなかで共有ができていたので、価値観のずれが気になったことはありませんでした。個性的なメンバーで価値観が違うのが当たり前だという想いがベースにありましたし、一度に何人も新入社員が入ってくるわけではないので、その都度マンツーマンで話せば分かり合えたからです。

今から12年前に青年会議所で企業理念をつくるというテーマのセミナーが開かれました。そこで自社でもつくってみようと思って考えたものを、ワイズ通商という社名を取って「ワイズ七信条」と呼んでいます。

私自身が仕事をするうえで大事にしていることを明文化したものですが、よく考えてみると理念というより行動指針でした。理念は会社が目指すテーマなので、別の表現がいいと思い、つくり直したのが「魅創覚達」です。

## 社員に目指してほしい姿を企業理念に込めた

企業理念をつくるにあたって、他社の理念はどんなふうになっているのかと見ていくと、どれもピンと来ませんでした。というのも、たいていの会社は世の中を幸せにする、顧客第一など対外的な内容だったからです。私の経営のテーマは社員なので、対外的なことは企業理念にはなり得ないと思いました。

自社にふさわしいのは、社員にどうなってほしいかを示すメッセージです。この会社に入ったら社員はなにを目指すのか、どういうマインドでいてほしいのかを言葉にしたのが魅創覚達です。

それぞれの漢字には次のような意味や願いが込められています。

**魅**：創業時は六畳一間から始めて、ないもの尽くしでした。そんな私の会社に来てもら

【図1】経営理念

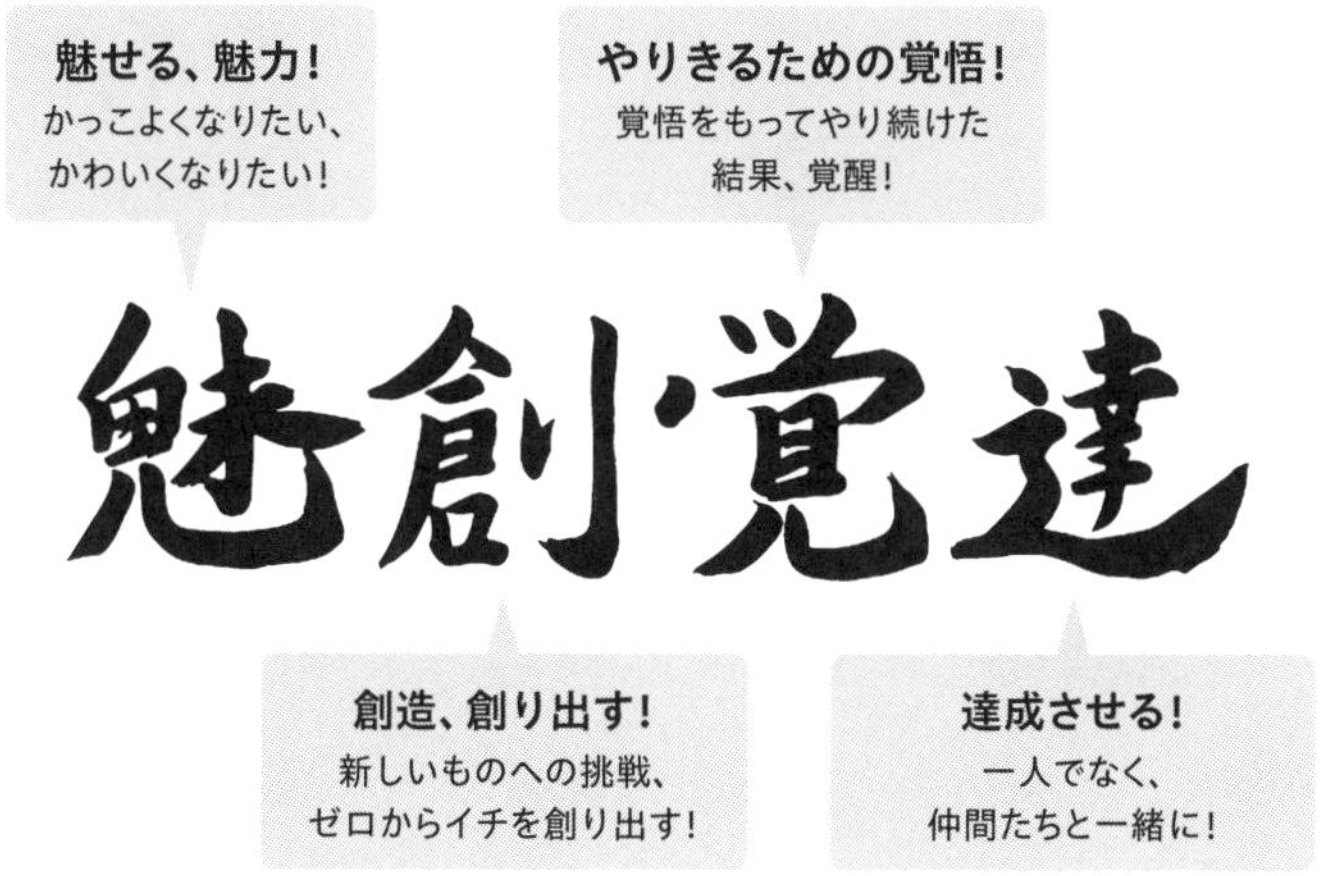
魅せる、魅力！
かっこよくなりたい、
かわいくなりたい！
やりきるための覚悟！
覚悟をもってやり続けた
結果、覚醒！
魅創覚達
創造、創り出す！
新しいものへの挑戦、
ゼロからイチを創り出す！
達成させる！
一人でなく、
仲間たちと一緒に！

うには、なんだかかっこいい会社だな、ほかとは違うなと思わせる必要がありました。ですから、社員にはかっこよくあってほしい、学生たちにあんなふうになりたいと憧れてもらう存在になろう、という意味でこの字を選びました。

最近は採用担当者に憧れて入ってきてくれる新卒者がちらほら出てきました。うれしいことです。

ちなみに図1に掲載している文字は私の会社で実際に掲示しているものですが、「魅」の字は「ム」の部分が抜けた状態になっています。これは決して書き間違えたというわけではなく、固定観念にとらわれず、無駄なものを省くという意思を伝えるためにわざとこのように書いているのです。

**創**・・人のまねや言われたことだけやっていたのではダメで、0から1をつくっていく創造的な人間になろうという目標です。そのためには大変なことから逃げないでチャレンジしていく姿勢も大事です。かっこよくあるだけではなく、中身も伴ってほしいという思いを込めました。

**覚**・・人は誰しも自分だけの力は知れていて、それが限界だと思ってしまいます。仲間がいて切磋琢磨しながら磨かれていくと、覚醒し新しい可能性が見えてきます。また覚醒すると覚悟や自覚が生まれるという意味もあります。

**達**・・なにをやろうが達成しないと意味がありません。チャレンジするからには結果を貪欲に求めていくという決意を表しました。また目的に到達するなら仲間たちと一緒に達成して、みんなで大きくなっていこうというメッセージも込めています。

理念というのは常に目指し続けるもので、これでいいというゴールはありません。できた、できていないという評価ではかることはできず、一つできたらその上のレベルを求めていくことになります。

理念は掲げるだけで安心し、絵に描いた餅になりがちなので、日々の意識や行動に落とし込むことが大事です。私の会社では毎日の日報を書くときに、今日の魅創覚達を報告することにしています。そうすることで今日の魅はなんだったかと1日1回は意識することになるのです。

日報も慣れてくると形式的になり、業務のことだけ記録するケースが増えてきます。本来の日報は人間的成長のためのものなので、その本質を取り戻すために魅創覚達を考えて書いてみようと提案しました。

## 相手に助言や苦言を言える仲間意識が必要

理念の説明のなかに仲間という言葉が出てきましたが、私は組織づくりのなかで仲間意識を大事にしています。仲間の定義とはなにかというと、言いにくいことも言える関係性のことです。

仲間とよく似た言葉で友達がありますが、友達というのは問題が起きたとき「そんなの大丈夫だよ」「気にするな」という人です。楽しくいられればいいので発言が無責任で、その場限りの会話になります。

これに対して仲間は「なに言ってんだ。こんなところでへこたれていたらダメじゃないか」と、相手のために助言や苦言を言えます。嫌われることを恐れずに、相手にとっていちばんいいことを選んで言おうとするのです。そこには厳しいことを言っても嫌われないという信頼関係があります。

私は社員に「仲良しクラブは外でやれ。俺たちは仲間なんだから、気に入られようとしなくてもつながってるだろ」とよく言います。

## 行動指針としての「七信条」

企業理念よりも先にできたのが七信条です。理念よりも分かりやすいシンプルな行動指針となっています。

**あいさつ**：まずあいさつがないと人間関係は始まりません。単におはよう、こんにちはと言葉を発すればいいというのではなく、相手と心が通うのがあいさつです。相手に気持ちを届けるつもりで、あいさつの仕方にも工夫がいります。

**笑顔**：笑顔があるところに人は寄ってきます。機嫌がいい・悪いは他人には関係ないことです。不機嫌をまき散らさないで、自分の機嫌は自分で取ることが大事です。

【図２】七信条

一、**あいさつ　～礼に始まり礼に終わる～**
人との繋がりが重要な我々の業界、人間としての基本に返り、気持ちのよいあいさつをします。

一、**笑顔　～笑う門には福来る～**
感情豊かな動物である人間、喜びの笑顔は周りに安らぎを与えます。人々が集う笑顔を目指します。

一、**感謝　～実るほど頭を垂れる稲穂かな～**
人間は感謝を忘れたとき、おごりも出て、人の心を傷つけ、人間関係に悪影響が出ます。いつも感謝の気持ちを大切にします。

一、**楽しむ　～鈴木康仁の法則～**
嫌々するのと楽しくするのでは、行動の成果が違います。その行動が楽しさにつながることをイメージして、与えられた事実を楽しみます。

一、**挑戦　～現状維持はマイナス～**
常に新しいことへの好奇心を大切にし、創造力豊かに挑戦します。

一、**利益　～成功の秘訣は成功するまで諦めない～**
自分が幸せでなければ、人に手を差し伸べることはできません。自分の幸せ（利益）のために努力し続けます。

一、**平常心　～人間万事塞翁が馬～**
災いや幸運は予測できないものですから、どんなことにも動揺せず、強い信念を持って行動します。

**感謝**：人への感謝を忘れておごると、必ず失敗します。常に己を振り返って反省することが大事です。反省するとどれだけ他人のお世話になっているかが分かって感謝の心が生まれます。

**楽しむ**：仕事でも趣味でも楽しくやるほうが伸びます。どう楽しくやるかを自分で考えることです。どうせやらなくてはならないことも楽しくやることができれば効率が上がります。つまり「楽しくやること＝効率・生産性アップ」の秘訣なのです。

**挑戦**：現状維持で満足するとそこで止まってしまいます。常に新しい発想、新しいことを求めていく姿勢、好奇心をもっていたいと思います。

**利益**：実は、最初にセミナーでこれを発表したとき、ほかの受講生からは「普通は利益という単語を正面切って理念に入れないですよね。堂々と書くところがすごいですね」と言われました。しかし現実として、自分（会社）の利益を追求しなければそもそも存続することができませんし、そこから進んで他者（顧客）の利益を考えることもできないと私は考えています。自分だけでなく全体のためになることを目指しているからこそ、利益を行動指針の一つとして掲げられるのです。

**平常心**：人生いろんなことが起こります。大変なことが起こってしまったと後悔して落ち込んだり、これはやったぞ！と喜んだりしがちです。しかし大局的に見ると大したことではないということがよくあります。その時々に目の前のことだけ見て一喜一憂しないことが大事です。また人からどう思われるかに惑わされるのではなく、自分が良いと思うことに信念をもってやり続けることが大事です。

## 「楽しむ」ことがいちばん大事で、いちばん難しい

七信条のなかで最も大事で、最も難しいのが「楽しむ」です。嫌なときをどう楽しく変えるかの発想力がある人は、苦難を苦難と思わずに乗り越えることができます。しかし、

つらいことのなかに楽しい要素を見つけたり、マイナスのことをプラスに転換したりするのはコツがいります。

どうやってコツをつかむかは、数々の苦難や挫折を実際に味わって乗り越える経験を通して学ぶのがいちばんです。あるいは人生経験豊富な人に教わるのもいいと思います。私の会社では困っている人がいると、周りの人間が放っておきません。こういう考え方もあるよと前向きにとらえる視点を与えてくれ、またこういうふうにやると少しは楽じゃない？とやり方を教えてくれることもあります。

役職に応じては、あえて高度なミッションを与えて苦難を経験させることもします。そこからのはい上がりを学ばせるためです。

どうすればつらい仕事を楽しくできるか、一つのアイデアはゲームにすることです。

こんな事例がありました。夕方の5時になってそろそろ仕事が終わりだと思っているとき、「今から発注お願いします」と荷主から連絡が来たのです。そこから配車しないといけませんが、取引先の会社も終業時間なので電話がつながりにくく、配車に何時間掛かるか分かりません。当然、社内の雰囲気は暗くなります。「せっかく帰れると思ったのに。飲みに行けると思ってたのに……」という心の声が聞こえそうでした。

しかし、業務時間外なのでと理由を荷主に説明して明日にしてもらうこともできましたが、私はあえて受けました。そして、「みんな、今からゲームをやるぞ。いちばん早く配車の手配をしたヤツに金一封をあげる」と社員に伝えました。

その途端、元気のなかった社員たちがいきなり電話を掛けだしました。自分がもっている情報やコネクションを駆使していちばんになろうとするのです。一人が「今、相手の返事待ちでリーチの状態です！」と言うと、みんな逆転しようとして奥の手を使いだします。

そうやって先を争って電話をした結果、本来なら気を取り直して業務に取り掛かるまでに1時間は掛かるような仕事が、たった15分で完了してしまいました。

これは私が社員のモチベーションを上げようとしてやったことですが、こういう発想の転換をすると嫌なことも楽しくなるよと知ってほしかったのです。社員が自ら楽しむ方法を覚えていくと、単純作業や苦手な業務のなかにも楽しみや意味を見いだせるようになり、効率アップにつながります。

【図３】社内掲示のキーワード

ん？
で、どうする？
ということは？
1 + 1 = 2
どうしたらいいのか
どうすればいいのか

## 社員に気づきを促すための社内掲示

理念や行動指針よりももっと身近な言葉として、図3のような掲示を本社や各営業所の目につくところに置いています。それぞれの言葉は、私から社員への問い掛けです。

額縁に入れて、わざと斜めに傾けて掲示しているのですが、それは社員に引っ掛かりを感じてほしいからです。なぜ斜め?と違和感をもって考えることで、言葉の奥にある意味を伝えられると考えました。

「ん?」というのは違和感、気づきです。なにかに気づくことがまず大事であり、違和感に気づいたらアクションを起こすことが必要です。それを問い掛けるのが「で、どうする?」です。違和感に気づいて行動すると、次の疑問が必ず湧いてくるので、さらに掘り下げて考えるために「ということは?」と問い掛けます。つまり、この3つは段階を追って気づきを促すためのキーワードになっているのです。

「1+1=2」というのは算数の基本中の基本で、みんな「そんなの当たり前。それがどうした?」と思います。学校で「1+1=2です」と習ったから、私たちはそれを理解して、当たり前のこととして受け入れることができています。つまり、知らないことも教わればできるのです。一方、答えが分からないときは、どんどん質問して教わることが大事だと伝えています。

また、教えてもらったとおりにやっても、うまくいかないことも出てきます。そのとき「どうすればいいのか」という受け身の考え方では、与えられた仕事をただこなしているだけに過ぎません。そこを「どうしたらいいのか」と前向きかつ自発的に考えることで改善ができ、自分なりの正解にたどり着くことが可能なのです。

この社内掲示は自分にとってベストな正解を見つけるための道順を示してくれています。

## たった一言で真意が伝わる　伝統から生まれたキーワード

20年以上この会社を営んできたなかで、私と社員のなかでだけ通じる合言葉がいろいろ生まれてきました。私たちが「ワイズワード」と呼ぶこうした社内言語は何百とありますが、特によく使うものは以下のようなワードです。

### ■石屋の話

日々の仕事をどういうマインドでやっていくかについて話すときに、私は石屋の話を使います。

石屋の親方が弟子に仕事をさせるとき、「この石を運べ」と教えるのか、「これを運ぶとお金がもらえるよ」と教えるのか、「これを運ぶとお城の石垣になって、後世に残るよ」と教えるのか、どの教え方が弟子のやる気を引き出せるかというものです。

石を運べというのはただの作業です。頭は使わなくてよいですが楽しくないので、すぐに飽きてしまいます。

お金がもらえると教えると、見返りがもらえるのでモチベーションが上がります。たくさん運んでたくさん報酬をもらおうと考えるはずです。しかし、ある程度の見返りが手に入れば満足してしまいます。手抜きをしたり、仕事をやらなくなったりしてしまうかもしれません。あるいは「こんなちっぽけな額ではこれ以上はできない。もっとよこせ」と要求してくるかもしれません。

後世に残る仕事だと教えると、お金では買えない価値が手に入ります。自分が死んだあとも石垣は長く残り、歴史や建築の研究対象になったりするかもしれません。職人としての名前は残らなくても、功績は確かに残るのです。それはなににも代えがたい誇りです。


上司は部下に仕事を指示するとき、3つめの指示の出し方をするのが理想です。君がやっている仕事は会社のためになる、お客さんが喜んでくれる仕事だと教えることで、その仕事がやりたいと思えるようになるのです。

私は上司の立場にあたる社員が部下にどんな指示の仕方をしているかに注目して見てい

ます。そして1つめの指示の出し方をしている上司がいたら、君は部下に石を運べと言っているると言うようにしています。すると上司はハッとして自分がつまらない仕事のさせ方をしていたことを反省し、別の指示の出し方をするようになるのです。

「人に仕事をさせるときは……」と長い説明をしなくても、石屋の話を思い出せと耳元で一言つぶやくだけで、私の言わんとする真意が全部伝わります。条件反射のように反応するので時間短縮にもなりますし、即座に考え方を軌道修正できて生産性のアップにもなります。これが仕組みというものです。

私の会社ではこんなふうにあらゆる機会、あらゆる場面で教える仕組みができています。職場にいるだけで、学びのスイッチがどんどん押されていきます。

## ▩六畳一間

会社を象徴する言葉として六畳一間があります。父の会社を離れて起業したとき、愛知県高浜市内の自宅の一室が事務所で、その間取りが六畳一間だったのです。

今でこそ立派な本社ビルやたくさんの営業所を構え、人も備品もシステムも充実していますが、それが当たり前ではないという戒めの言葉、原点を思い出す言葉として使っています。

当時はなにもないことが当たり前で、知恵や工夫でどう補うかを考えました。今は仕事に必要なものは全部そろっていますが、あるのが当たり前だと思ってしまうとそれにあぐらをかいてしまい、必要なものがない状況に不満を感じてしまいます。工夫することを忘れ、人に感謝することを忘れて、ないからできないという言い訳が出てくるのです。

ここから「ゆでガエルになるな」や「1円の重み」という言葉も派生しました。「ゆでガエルになるな」というのは、ぬるい環境に慣れて危機感を失うなという意味です。「1円の重み」というのは、創業期のお金のなかった時代を忘れるな、今の与えられた環境を当然と思ってはいけないという意味です。

社員が六畳一間を忘れているなと感じると、日報などでコメントしてマインドをあるべきところに戻します。日々その繰り返しで、一人ひとりの軌道修正や成長を促してきました。

## ■受けた恩は下に返す

普通は自分が人に何かしてもらったら、その人に恩を返します。しかし私の会社では、受けた恩はその人に返すのではなく、下に返せと教えています。

人に何かをしてもらって恩を受けたとき、それを恩人に返すとすると、恩のやりとりは二人の間で行き来して終わってしまいます。しかし別の人に恩をバトンタッチしていけば、恩が外に広がっていくのです。

そのため、私の会社では上司にしてもらったことを上司に返すのではなく、自分に部下ができたときに部下にしてあげるようにと教えています。これによって恩をどんどん次世代に伝えていく流れが生まれます。

私の会社では恩を受ける機会がたくさんあります。直属の上司だけでなく、自分が相談しやすい先輩にアドバイスを求めてもいいし、トップの私に直接聞いてもいいというルールがあって、こんなことで困っているんですというサインを出せば確実にアドバイスがもらえます。もっというと、相談していない人からも私はこうやって乗り越えた、その気持ち分かるよなどといったアドバイスや共感の言葉が勝手に飛んできます。

その恩をたくさん貯めておいて、自分に部下ができたときに全部与えてあげるのです。例えばAさんという社員が10の恩を受けたとすると、その部下であるBさんはAさんから10の恩をもらえます。さらにAさん以外の先輩・同僚からも恩を受けるので、Bさんのもっている恩はどんどん増えていきます。そしてBさんの下にCさんが入ってきたら……と、そうやってどんどん恩が蓄積されていくという仕組みです。

■逆ピラミッド

組織の形は、普通は下が広く上に行くほど狭まっていくピラミッド型をしています。一般社員が最下層にいて、役職が上がるほど上部に行きます。そしてピラミッドの頂点に近いほど偉いことになっています。だから社長や会長は偉そうにするし、下の社員は上司にペコペコします。

私の会社では考え方が逆です。上司は部下のためにいるという考え方で、とことん部下に尽くします。自分のもっている恩を惜しみなく部下に与えるというのもその一つです。

【図４】逆ピラミッド

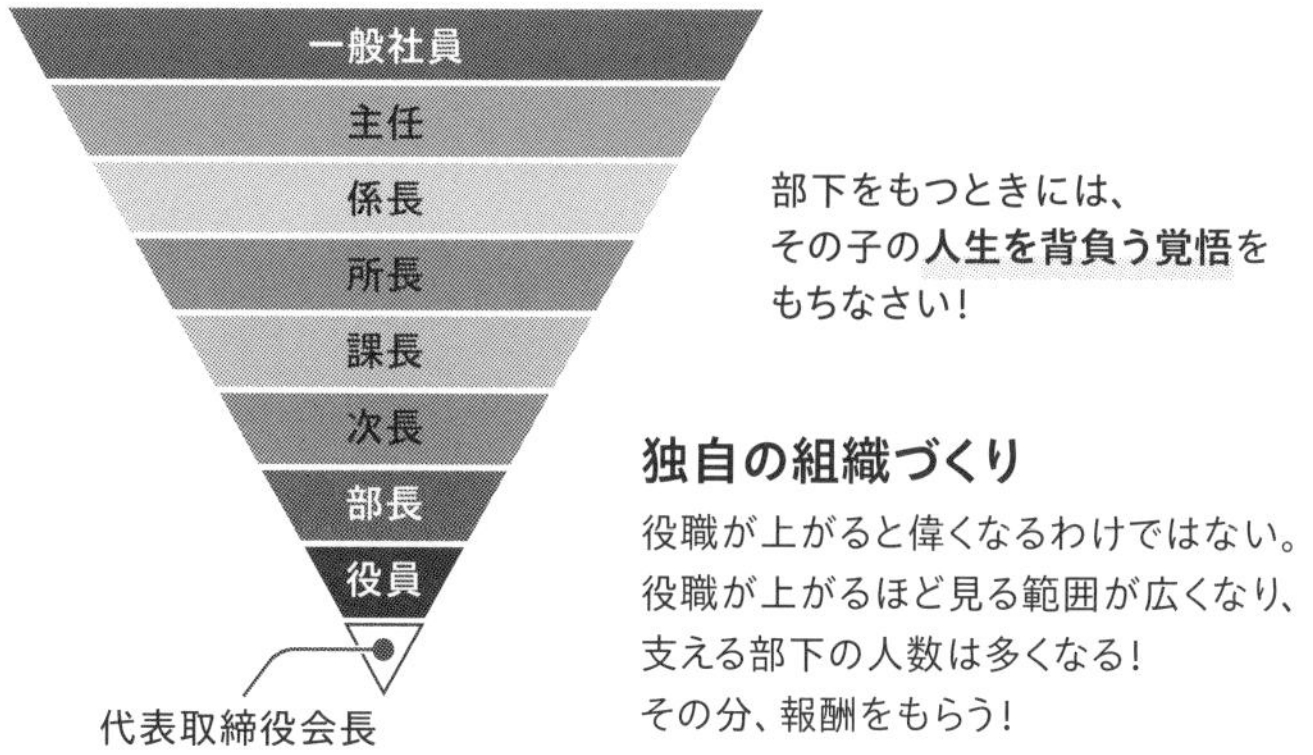
一般社員
主任
係長
所長
課長
次長
部長
役員
代表取締役会長
部下をもつときには、
その子の人生を背負う覚悟を
もちなさい！
独自の組織づくり
役職が上がると偉くなるわけではない。
役職が上がるほど見る範囲が広くなり、
支える部下の人数は多くなる！
その分、報酬をもらう！

部下はどんどん挑戦して失敗して構いません。上司はその面倒を見て責任を取ること、そして部下が次はうまくできるように導くのが仕事です。つまり部下の人生を背負うだけの度量がないと、上司の役職にはなれないのです。採用のときに自分が好きになれる人材を選べというのも、そのためです。

組織のピラミッドのなかで最も下は、会長である私です。つまり、私は誰よりも尽くさねばならず、何かあれば最終的な責任を取らねばなりません。他社から見ると不思議な組織図に見えるかもしれませんが、本来のトップのあり方というのはそういうものだと思います。

## ■17時以降は年功序列

仕事中は逆ピラミッドで動いていますが、人間ですから偉そうにしたいこともあります。私はそれをしたいなら、17時以降にしろと言います。17時以降は入社年度が古いほど偉いというルールにしているので、ベテランが若手に俺を立てろと言うのもありです（もちろん愛情があることが前提です）。

以前は古株社員が上の役職になる時代もありました。しかし組織が大きくなるにつれ、新しく入ってきた社員が古株社員よりも上の役職になるケースも出てくるようになったのです。そのとき、仲間意識を壊さないためには「会社を発展させるための役割（役職）は実力主義で」「人間関係を発展させる役割は社歴の長い社員（入社順）で」という考えに行き着きました。その人がいたから今があるという考え方です。

ベテランの社員というのは会社の黎明期からいるメンバーなので、自社が培ってきた伝統をよく知っています。彼らが安心して働ける環境をつくることが、若手に伝統を継承するうえでは大事です。もちろん仕事のなかでもノウハウは伝えていきますが、仕事を離れてリラックスした場でしか伝えられない伝統というのもあるのです。

仕事中は年下でも役職が上なら敬語を使いますが、17時以降は社歴の長い社員が偉そうにできるので、部長が課長に呼び捨てにされることもあります。それで笑い合えるというのが、私の会社らしさであり伝統です。

飲み会は行きたい人が行く自由スタイルなので、上司に飲みに誘われて「仕事が終わってまで嫌だな」「お酒好きじゃないのに」という社員は行かなくて構いません。そういう声が社員から出るということは、上司の誘い方が悪いのです。行くと楽しい、お酒を飲まなくても楽しめるという空気をつくれていれば、参加した社員が「飲み会楽しかった」「こんなことがあって」と話すので、ほかの社員も私も行ってみたいという気になります。上司の立場を悪用して俺が誘っているのに来ないのかなどと言うのはあり得ません。

飲みの場では無礼講なので社員も自由なら、私も自由という考え方です。だから俺に気を使わせるなと言っています。遠慮して食べていない若手に、好きなもの頼んでいいよと一度は声を掛けますが、二度目を言わせたら次は呼ばないよとも言っておきます。

もっとはっきりと、ていい（体裁）で来ているんじゃないよね？と言うこともあります。参加したほうが上長からの評価が上がるとか、気に入ってもらえるという計算で来てるんじゃないかと言うと、相手も心を開いて本音を出しやすくなります。もちろん嫌なら嫌で、次から断ってもまったく問題ありません。

私が飲み会を大事にしているのは、本音が飛び交う場だからです。先輩風を吹かせるとか、辛辣な冗談を言うとか、昭和の時代には理不尽だけど、それが楽しいという関係性が職場にもありました。その雰囲気が仕事にも活きてくるのです。

先輩と後輩がワイワイやっていて、後輩はいじられて笑っていたり、「明日、日中にやり返しますよ（日中は部下のほうが偉いので）」と言っていたりもします。そういう仲間内の楽しさというのが私は好きです。相手が好きだから、安心してじゃれ合えるのです。

入社して日の浅い新人は試しに一度飲み会に呼んでみることにしています。普段真剣な顔をしている上司が私にボロカスに扱われて、いじられてニコニコしているのを目の当たりにすると、こんな世界があったんだと驚きますが、次の日その上司はまたビシッと真面目な顔で戦略会議をやっています。これをかっこいいと思わせたいのです。逆に二日酔いで来られないとなると、上司を尊敬できなくなってしまいますから、酒にのまれるタイプは最初から誘いません。仮に誘っても飲ませないようにしています。

## ■チャンスは坊主の頭

チャンス（好機）というのは坊主頭をしているという話があります。髪があれば通り過ぎても髪をつかんで引き留めることができますが、チャンスははげ頭だからそれができないので、来たと思ったら瞬時につかんで逃さないようにという意味です。

私の会社では、チャンスの女神は前髪しかないとも伝えています。後頭部の髪の毛がないので、通り過ぎるとつかまえられないということです。

人生には運と不運が繰り返し巡ってきます。しかしどんなに良い運が巡ってきても、うっかりしていると逃してしまいます。チャンスをチャンスと認識して確実につかまえるには、日々準備が大事です。

社内言語は日々新しく生まれていて、ほかにもたくさんあります。これらを共通語、社内でのみ通じる合言葉とすることで社員間にツーカーの関係（お互いに気心が知れている、ちょっと何か言うだけで通じ合う間柄）が育まれ、心を一つに合わせていけるのです。

| | |
|---|---|
| **なにを言うかではなく誰が言うか** | その人がもつ背景に受け手がなにを感じるか。<br>必要なのは説明力ではない。説得力である。 |
| **言霊** | 言葉に想いをのせたとき、魂を込めたとき。 |
| **本質** | 全部自分。正解はないがすべての答えは自分のなかにある。 |
| **鐘が鳴る** | 今だ！という時にカーンと鳴る。<br>天の時（タイミング）、地の利（状況）、人の和（団結）がすべてそろったとき。 |
| **草むしり** | 裏の草をむしるのか、表の草をむしるのか。<br>陰の努力は誰にも気づかれない。<br>あえて誰が見ても分かるところで努力をする。<br>それをズルいと思うのか。ワイズ（ずる賢い）と思うのか。 |

■ **不心得者への社内言語**

| | |
|---|---|
| **時の人** | 昔はできていた人。今はあぐらをかいてやらなくなった人。 |
| **あぐらをかく** | 七信条の一つである挑戦につながる話。<br>現状維持はマイナス。<br>現状に満足してしまい、挑戦することを忘れてしまったとき。 |
| **うわべ、てい** | その場しのぎで合わせること。<br>上っ面、体裁。 |

## 【図５】ほかにもある社内言語

| | |
|---|---|
| **ハチドリ** | 「ハチドリのひとしずく」という道徳のお話。<br>周りがやらないから自分もやらないではなく、まずは自分にできることをやる。やり続ける。 |
| **ゆでガエル** | 徐々に温度が上がっていくと自分がゆでられていることに気づかないことの例え。<br>自分は大丈夫、できているという勘違い。<br>当たり前のなかにいると当たり前が分からなくなる。 |
| **白旗を上げる** | 素直に負けを認めること。<br>いつも邪魔をするのはプライド。 |
| **栄光の架け橋** | ゆずの歌を社歌として節目に合唱している。<br>夢を諦めずに追い続ける自分たちを勇気づけてくれる。 |
| **人のためと書いて偽り** | 七信条の一つである利益につながる話。<br>まずは自分が幸せでなければ他人に手を差し伸べることはできない。 |
| **流れ** | なるべくしてなることの例え。<br>そうなることが必然であったかのように物事が動き、結果そのようになることの表現。 |
| **器** | 自分の限界を自分で決めつけない。<br>自分が限界と思った時にもう一歩を踏み出せるか。 |
| **物差し** | 自分にない知識や経験をもつ人を味方にすれば、自分の物差しは長くなり自分がやれることと同じになる。<br>逆に自分の価値観を物差しとして例える場合は、「固定観念、先入観、思い込み」に注意するよう促すこと。 |
| **昨日の常識は今日の非常識** | 「固定観念、先入観、思い込み」に注意するよう促すときに使う。似た言葉に「昨日の100点は今日の0点」。 |

## 日報は業務管理のためにあるのではない

私が経営者として最も力を入れているのが日報です。私の本業は日報を読むことといっても過言ではありません。

業務管理の目的で毎日の報告書を書かせている会社も多いと思いますが、きちんと仕事をしているかを把握したいという気持ちが、そこにはあるのではないかと思います。きつい表現をすると、サボっていないかの監視です。

すると社員はいいことしか書けません。失敗やトラブルを報告すると自分の評価が下がってしまい、査定に響いてしまうからです。つまり、できなかったことは隠してできたことは大きめに書くという、実態と離れた報告になってしまうのです。にもかかわらず、経営者はそれを鵜呑みにして真面目な社員だと安心しています。ところが、いざ仕事ができると思って昇進させると全然成果が出せません。経営者は期待を裏切られたと腹を立てます。そもそも評価のよりどころにしている日報が本来の役割を果たしていないから、こういうことが起きてくるのです。

私の場合は、日報を監視のためには用いません。社員は家族でありともに成長していく仲間なので、監視する対象ではありません。私は親が子を想うように、社員にはなんでも話してほしいし、聞いてあげたいしアドバイスをしてあげたいという気持ちから、コミュニケーションツールとして日報を位置づけています。

## 日報を通して社員の成長が見える

創業初期は社員数が少なかったので日報ではなく、直接対話してヒアリングをしていました。面談という堅苦しいものではなく、今日は1日どうだった?と尋ね、その場でアドバイスをするという気楽な会話です。

そのうち社員が増え、営業所が増えて遠隔になったことで、電話でのヒアリングに移行しました。社員一人ひとりに電話を掛けて、その日あったことや困っていることがないかなどを聞き取っていましたが、さらに組織が大きくなってくると、それにも限界が出てき

【図６】日報

● **何を書いてもOK！**

**活用方法は多種多様**

- 今日1日の経験、成長、失敗、反省
- 何があって、何を感じて、どう考えたのか
- 自己アピールとしても活用可能

**他営業所の社員の考えを知る、共有する**

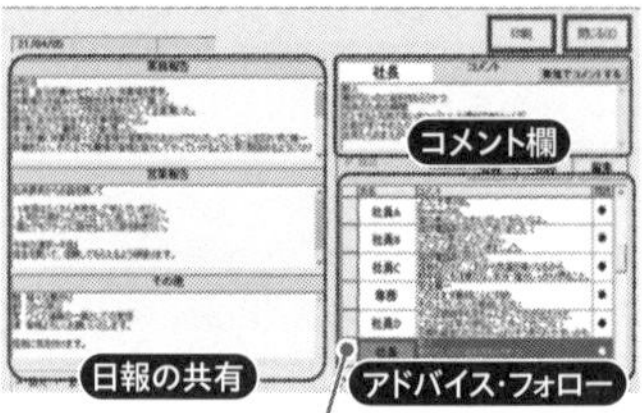


各拠点の仲間、上司、先輩からアドバイス、指摘、フォロー
**会長、役員が毎日、日報を読んでいます！**

**日々頂くアドバイスによって、日々学びがあり、それが大きな成長へとつながる！**

ました。現実的に考えて、1人あたり5分話すとしても社員が50人いたら２５０分になってしまうのです。なかにはタイミングが合わずに電話口に出られない社員がいたり、5分では済まない話もあったりして、無理が生じてきました。そこで対話の機会を減らすとか、ヒアリングそのものをやめてしまわないのが、私の諦めの悪いところです。

そして考えついたのが日報です。手書きの日報をファックスで送らせることを思いつきました。これなら自分の都合の良い時間に目を通せるので好都合だと考え、全社員から送られてくる1枚1枚を読んで、コ

メントを書き込んで送り返していました。

この方法も悪くはなかったのですが、紙代も書いて送っての手間も掛かるので、社員にとって負担になります。そのため日報をパソコン上で管理できるようにしたのです。社員はパソコンで文字を記入するだけでよく、データはサーバーにあるので誰でも閲覧できます。コメントも自由に書き込みができるようになっています。私だけが日報を見るのではなく、誰でも見られるようになったのが大きな進化です。

日報は基本的にはコミュニケーションツールですが、それ以外にも効能があります。

●営業所は離れていても、「みんながあなたのことを気に掛けているよ」「社員一人ひとりとつながっているよ」というメッセージが伝わる。
●会社のトップや幹部が一般社員の意見をじかに聞いてくれる。自分を売り込む機会として活用すれば、チャンスをつかめる可能性がある。
●社員間のライバル意識を刺激できる。日報がきっかけで出世していく社員もいるので、それを見ている周りもチャンスをつかもうとするようになる。

●書いてある内容の変化によって、社員の心の変化や人間的な成長が分かる。毎日劇的な変化が起こるわけではないが、なにも変わらないように見えて人は変わっていくものなので、毎日しっかり目を通すことで内面の小さな変化や変化の兆候が見える。

●社員の変化に気づいたとき、タイミングを逃さずにコメントができる。少し背中を押してあげたいとき、注意をして気づかせたいときなどにいつでも声を掛けられ、社員の成長を促進できる。

●私が社員の心の動きに敏感に反応してコメントを書くことで、それを見ている管理職たちに「気づくポイント」や「気づいたときの対応」を実演で教えることができる。

●管理職たちの成長具合が分かる。管理職がどんなタイミングで、どんな内容のコメントを書いているかを見れば、マネジメント能力や人を育てる意識・センスなどが丸分かり。

●コメントが飛び交って日報が活気づく場面が月に数度でもあれば、社内の熱気が上がる。なんのために日報を書くのかの振り返りにもなり、本来の意味を取り戻す(惰性に陥るのを回避)。

●頑張っている社員が認められるのを見ることは手本になるので、自分たちの変わっていくべき方向が整理できる。必然的に会社が良くなっていく。

## 日報の意味を忘れないよう話して聞かせる

これだけ日報を大事にし、惰性に陥らないように気をつけていても、日々の業務に紛れて形式的になってくることがあります。日報の意味が薄れてきたと思ったら、手を変え品を変えして重要性を思い出させる工夫をしています。

トップが現場の社員の想いや仕事ぶりを直接見てくれるチャンスは、普通の会社ではまずありません。大きな会社になると、入社してから一度も社長と直接話したことがないという一般社員も珍しくないのです。

私がもし社員だったら、日報を利用して積極的に自分を売るようにします。「機会さえ与えてもらえればできます！」「必ずやってみせるのでチャンスをください」と、うるさいほどアピールするに違いありません。

意欲があって前向きな人には日報はいいシステムだと思います。逆に、大人しくて無難に仕事をしていきたい人には煩わしいシステムかもしれません。

無難に仕事をしていきたい人も、個性なのでそれでいいと今は考えていて、上昇志向を見せろといったプレッシャーは与えません。創業期から20年ほどの期間は、勢いよく昇っていかねばならなかったので、ガツガツした人材が最優先で必要でしたが、今はある程度大きくなって、安定させることも考える必要が出てきたためです。会社を安定させるには、大人しくて淡々と仕事をしてくれる人材も必要です。

## 給料袋もメッセージを伝えるアイテムになる

給料日には封筒に一言メッセージを書くこともしています。そのとき、その人に必要な言葉を選んで書きます。この話をすると「そんなにスラスラ、よく言葉が出てくるね」と言われますが、日頃の働きぶりや日報を見ていれば、その人に掛けるべき言葉はすぐに浮かんでくるので悩むことはありません。

【図７】メッセージが書かれた給料袋

社員のほうも今月はどんな言葉が来るか楽しみにしてくれているようです。給料袋を受け取った日の日報に、今の自分への一言はこういう意味ではないかと真意を読み取って書き記す社員もいれば、どういう真意であの一言を選んでくれたのですかと私に直接問い合わせる社員もいます。なかには、入社から十数年分の給料袋をずっと保管している社員もいます。

たかが給料袋ですが、これもまた教育ツールの一環として社員の成長を促す取り組みになっているのです。

## 大人が本気で涙する、年に1度の大納会

ほかの会社にはないユニークな取り組みとしては、年に1度の「大納会」があります。毎年、年末年始の大型連休に入る前のクリスマス頃に開催しています。特徴的なのは、大の大人が大勢集まって本気で涙を流して1年間の労をたたえ合うことで、今年もやりきった、辞めずに続けてよかった、仲間のおかげという、感謝と感動の涙が見られます。

私の会社では基本的に褒めることをしません。褒められたら見くびられたと思えと私が教えてきたからですが、大きな案件を取ってきてもすごいなと褒められることはなく、本人もこれくらいできると思っています。

しかし、褒めたい・褒められたい気持ちはゼロではありません。年に1度くらい手放しで褒めたっていいじゃないかという考えから、大納会を始めました。大納会は各営業所でも行いますが、本部で行う大納会が特に盛り上がります。参加者は私と役員たちが主で、その時々に応じて、大納会を経験させておきたいメンバーを追加で呼びます。

どんなことをするかというと、一つはその年にいちばん輝いていた人に贈るワイズ賞の発表です。業績の数字ではなく、最も「ワイズらしさ」を体現した人が選ばれ、チャンピオンベルトをつけることが許されます。このチャンピオンベルトは創立20周年のとき、アイデアマンの常務が業者に依頼して、オリジナルのデザインでつくってくれたものです。

表彰式が終わると、1年を振り返る会になります。1人ずつが立って、みんなの前で想いを発表するのですが、話しているうちに感極まって大泣きしてしまうというのが恒例のシーンです。

「実はあのときこんなに頑張っていた」「今だから言うけど苦しかった」とぶちまけるのです。参加者からは「お前がしんどかったのは知ってた。あえて助けなかったけどよく頑張ったよね」とか「努力をずっと見ていたよ」「君のおかげで会社が良くなったよ。ありがとう」などのねぎらいの言葉が掛けられます。そこには共感や愛情が溢れていて、発表するほうも聴いているほうも全員が大泣きせずにはいられません。なかには話す前から感極まって泣く人や泣き過ぎて喋れない人もいます。

これだけ本気で泣けるのは、頑張ったからこそです。オリンピック選手が競技をやり終えて涙を流すのと似ているかもしれません。アスリートの涙はやりきった達成感やメダルを手にした感動、結果が出せずに悔しい想いなど人それぞれ違いますが、とことん自分を追い込んで限界と戦ってきたからこそ出てくる涙であることは共通です。仕事も同じで、限界まで頑張った社員はいろんな想いが湧いてきて、泣かずにはいられないのです。「今年は泣けなかった。自分の能力以上に頑張れなかったから」というバロメーターにもなります。泣けない自分を知ることも学びの一つです。なぜ泣けないのか、なぜ仲間と一体感を抱けないのか、自分の頑張りの度合いを自覚することができるのです。

新人を呼ぶこともありますが、普段はしっかりしている先輩が泣きじゃくる姿を見て、変わった会社だなと最初は衝撃を受けます。人前で泣くなんて恥ずかしいという社員もいます。しかし2年目3年目になってくると自然と泣き始めます。自分に厳しくすることを覚えるし、社員間の心のつながりができるからです。みんなが掛けてくれる言葉がストレートに心に響いて、その場にはいない仲間の顔が走馬灯のように浮かんできたりするのです。一度泣くとそこからは毎年泣きます。

本当に心のつながった仲間同士でやっているので、泣くことが恥ずかしくありません。むしろ一体感を得られて癒やされます。そうやってつらかったことを涙で洗い流してリセットし、新しい年がスタートするのです。

年始には、新年の決意を込めた一字を色紙に書いて発表する賀詞交歓会も行います。色紙に書くのは自分の抱負なので自分が知っていればいいのですが、あえてみんなの前で発表し合うのは、立会人がいることで責任感が増し気合いが入るからです。宣言した以上は守らないわけにいきません。

聞いたほうにも責任が生じます。発表した人が目標達成できるように、仲間としてサポートをするという責任です。もし本人が抱負と違うことをやっていたら、色紙に書いていたこととやっていることが違うけどそれでいいのか？と指摘して考えさせることができます。

ちなみに私の今年（２０２３年）の一字は「問」でした。これでいいのかと自分に問う、社員に問う、世の中に問うという意味です。

## 人の上に立つ心得を教える、経営塾

社内イベントとしては、私が主催する経営塾も毎月1回開いています。さまざまな制度や仕組みをつくってきましたが、形が整うにしたがって少しずつ中身が薄れてきたように感じることが出てきたので、私の想いや哲学を改めて伝える場として経営塾を始めました。2023年で7年目になります。

経営塾にはベテランから若手の幹部社員まで選りすぐりの社員が全国の営業所から集まってきて、一人ひとりが経営者になることを目指して、ハイレベルの内容を学んでいます。

メンバーは固定ではなく入れ替え制で、誰を選ぶか外すかは、私が決めます。気の抜けた聞き方をしていると次からは呼びません。そうやって入れ替え制にしたほうが、ハングリーさが出るのです。

ただし、選ばれていないからといって参加してはいけないとは一度も言ったことがありません。本人から僕も出たいですとか、上司がこいつも出席させてやってくださいと言ってくれるのを実は待っています。

選ばれて受け身で来ている社員と、自分から出たいと言ってくる社員では、後者のほうが熱意が高く、吸収率も高くなるからです。

ただし、来年からはこの経営塾もあり方を大きく変える予定です。副社長の塾も新しく開催したので棲み分けをして、より選ばれし社員だけが参加できるものにし、今以上に本質（生き方の哲学）の話をしようと計画中です。

呼ばれたから行かないと悪いかなとか出世のために参加しないといと思っている社員がいたら、役員でも遠慮なく外していきます。大事なのは周りからどう思われるかではなく自分がどう思うかです。欲しかったら自分から取りに来いというスタイルに変えていきます。今は約20人のメンバーでやっていますが、最終的には5～6人に絞ることになると思います。

そうやって選り抜きのメンバーを磨き上げ、彼らが受けた恩を下に返すことをしていけば、下にいる社員たちへと私の教えが伝播していきます。その仕組みづくりをしている最中です。

## 若手との接点を増やす社内オンラインサロン

幹部たちに魂を注入する一方で、一般社員の底上げもしていかねばなりません。そのための取り組みとして、2022年度から社員向けのオンラインサロンを始めました。

六畳一間だった時代から10年目あたりまでは、まだみんな卵やヒヨコの状態だったので、初級的な内容を教えていました。その時代の社員が育って今は中級、上級になってきましたが、まだしっかりと下を教育するレベルには至っていません。

これは社員の育ちが悪いわけではなく、そもそも人が育つには何十年も掛かるのです。赤ちゃんから20歳になって、身体は完成しても心は未熟であるように、社員を本物の一人前にするにはしばらく時間が必要です。しかし彼らが育ち切るのを待っていると、下にいる社員たちの成長が促せません。そこで私が原点に返って、もう一度若手の育成をやろうと思い、始めたのがオンラインサロンです。

コロナ禍でオンラインが一般化し、各地の営業所と簡単につながれるようになったこともきっかけになりました。そう考えるとコロナも悪いことだけではありません。

サロンは週1回、業務時間外に開催しています。業務ではないので参加は強制ではありません。若手との接点を増やすのがメインの目的ではありますが、中堅もベテランも誰でも自由に参加できます。現在のメンバーは新入社員から幹部社員、社外から招いたゲストなど60人ほどがいます。発言するのも自由で、ただ配信を視聴しているだけでも構いません。

経営塾とは真逆で、門戸の広い気軽な雰囲気・内容となっており、仕事のことでもプライベートの悩みでも恋愛相談でもなんでも質問してＯＫにしています。分からないことは分からないと言えるムードを大事にし、お酒を飲みながらやることもあります。こうすることでトップと一般社員という垣根を取り払い、意図的に接点を増やして心理的距離を近づけるという狙いがあります。

このサロンを通じて私の会社らしさを一人ひとりの社員に植え付けていくことができれば、この仕組みはひとまず成功といえます。


ただし、本当はもう一つの裏テーマがあります。それは私が若手を指導する姿を見せることで、幹部たちに指導のコツを学ばせるという狙いです。

私はこの1年、どんなモチベーションでみんなが参加するかを見てきました。すると、特に参加したいわけではないが来る社員が約半分、本当に私と話したい社員が少数、残りはなんとなくのぞいてみる社員といった割合です。残念ながら、部下を誘って連れてくる社員はゼロでした。

普通の会社なら、自主的に参加しようとするだけで立派なことだと褒められると思います。しかし、私が求めているレベルはそこではありません。自分が参加して満足するのではなく、人を誘ってその子も引き上げる、その影響力が欲しいのです。

「この前、参加して良かったから次は君もおいでよ」「勉強になるから一緒に参加してみない？」と言える中間層がいなかったのは、ひとえに私の指導不足です。恩は下に返すと教えてきても、やっぱり各自のところで恩が止まってしまうのです。ただ、今回のことで流れが止まっている箇所（ボトルネック）がはっきり見えたことは収穫でした。今後はどうすればボトルネックが解消できるか、的を絞って考えていくことができます。今までぼんやり見えていたことがはっきり認識できたという点で、私自身も一つレベルアップしたと考えています。

こんなふうに一つの取り組みを通して、若手もベテランも経営者自身も成長していけるというのが、優れた仕組みの特長です。優れた仕組みというのは「掛け算」で効果を拡大する力をもちます。５＋５は10ですが、５×５にすることができれば25となり、足し算よりはるかに大きな力を発揮することができます。いかに掛け算効果の高い仕組みを考え出せるかが、経営者の知恵の出しどころです。

## 入社1年目は査定なし　まずは職場に慣れること

私の会社では原則として入社1年目は査定をしません。入社してすぐは職場になじめるか、仕事を覚えていけるか不安が大きいため、まずは会社を知って慣れてもらうことと基本的な仕事を覚えてもらうためのチューニング期間としています。

最初に身につけてほしいのが自分のために頑張ることです。自分にとってこの仕事がプラスになる、この会社に属していることがプラスになると思えることが、良い仕事をするうえでは大事です。

自分のために頑張れるようになったら、少しずつ人のためも考えられるようにしていきます。だいたい入社2~3年目から各部署に分かれて主任や係長になっていきますが、なかにはいきなり幹部になる社員もいます。

私の会社では業務ができることよりも、人の上に立つ資格があるかを評価します。人間的な成長具合（人のためを考えられるか）を見て、そろそろ役職を与えようというふうに決めていくので、年齢や入社順はいっさい関係ありません。

役職が上がれば上がるほど、人のためを考えることが求められます。役員にもなれば自分のことはできて当たり前なので、力のすべてを人のために使います。逆にいうと、人のために力を惜しまない人、人のために差し出すことを喜びと感じられる人しか役員になれません。

私の会社の役員たちは俺たちは会社の奴隷だとよくいいますが、それは悪い意味ではなく、奴隷のように人に尽くすのが幸せだという逆説です。

こういう考え方の組織ですから、最上級の役職である私こそが誰よりも人に尽くさねばなりません。入社1年目から余裕をもって丁寧に育て、「人に尽くす」という意識を根づかせることが大事です。意識が芽生えればそれに基づく行動ができるようになり、互いに良い影響を与え合って育っていく組織になっていけます。

## リーダーの育成には部下のマインドを変える力が必要

人の上に立つ資格があるかの見極めは、人に影響を与えられるか、指導ができるかを見ます。

利益などの数字を出せることと、人として優秀なことは別物です。業績を上げればそれだけ会社に利益をもたらしたのだから評価はしますが、数字の業績を上げていなくても人に影響を与えられれば評価をします。例えば管理職は直接利益を出す仕事ではありません。自分はなるべく動かずに、部下をやる気にさせて成果を出させることが仕事です。人をやる気にさせられる能力がある人材が管理職のなかでもさらに昇格していきます。

あるとき、部長のAさんが役員になりたての頃に「僕は1カ月に純利益600万円も上げているんですよ」と言ったことがありました。私は「600万円がどうした?」と返しました。600万円の純利益はもちろん大事ですが、役員になったからにはそこに目を向けてほしくなかったからです。

例えば1カ月100万円の利益を出している社員をやる気にさせて200万円稼げるようになれば、部下6人で1200万円の利益が出ます。10人の部下をやる気にさせれば2000万円です。部下をうまく育てられれば、利益など勝手に出てくるのです。管理職は自分で稼ぐ必要などなく、部下が気持ちよく働いて稼いでくるようになるのが本分だと、私はAさんに伝えました。つまり、部下のマインドを変える力をもたせることがリーダー育成では大事なポイントです。

今、私の会社は役員のレベルアップが遅れています。面談をさせても業務寄りの指導になりがちで、石屋の話ができません。部下に夢や誇りをもたせる力が弱いのです。これは私の指導力が足りないからなので、もっと日常的に細かく部下に目を配り、日常会話のなかでも響く声掛けができるように、私が手本を見せながら教えていかねばなりません。

ここ数年は年2回ある査定時の面談を役員にさせていたのですが、今後は新入社員もすべて私が行うスタイルに戻そうと思っています。私は人間教育のプロだと自認していますが、それでも日々実践と反省の繰り返しなのです。なぜなら経営は生き物で刻々と変化しているためです。そのときはこれがベストと思った仕組みも、明日には合わなくなっていることが珍しくありません。仕組みというのはつくっては壊してつくり直す、いらない仕組みは捨てるといった更新作業が絶対に必要です。

## 売上の数字より中身を評価する

業務の評価をするとき、どうしても金額に目が行ってしまいがちですが、数字の多い少ないで判断すると大きな間違いを犯すことになります。

私もかつて、営業職に月の売上1500万円以上などの目安をつくったことがありました。しかし、それでは正しく会社への貢献度が測れないことに気づきました。例えばもともとの顧客との取引を増やして1500万円を2000万円にする人と、新しく顧客を開拓して0から200万円をつくる人では将来性が違います。

会社にもたらしたお金だけを見ると、前者は500万円、後者は200万円なので、前者を評価することになってしまいます。しかし0から200万円をつくるほうが断然難しく、また先を考えたときに1000万円や2000万円、もしくはそれ以上になっていく可能性があります。つまり、後者を評価しないと会社は伸びていかないのです。

経営者にとっては指標があったほうが楽なことは間違いありません。この項目はできた・できないでチェックしていけば、自ずと評価が出るからです。しかし、そうやって機械的に評価していると本質を見なくなり、本当に頑張っている社員を見落とすことになってしまいます。そうなれば社員はどうせ頑張っても意味がないとやる気を失ってしまいます。

## 社員が目標をもてるようにつくった、人事考課シート

私自身は指標もマニュアルもないほうが良いと考えていて、指標やマニュアル頼りの査定はいっさいしませんが、それが社員にとっては不便なこともあります。自分のなにが評価されているのか、どの部分を強化すれば評価アップにつながるのかが分かりにくいので、改善がしにくいのです。トップのえこひいきで給料を決めているのではないかという不信

感も生むことになります。

実は事業を起こして最初の頃、翌月から2万円アップなど昇給を感覚的に判断していたことがあります。社員が少ないときはそれでも通用したのですが、社員が増えるにつれてどうやったら昇給するのかの基準が分からないという声が出てきました。言われてみれば確かにそうだと納得し、人事考課シートをつくりました。

人事考課シートは本人の自己評価と、直属の上司による評価と、役員の評価を記入するようになっています。それを最後に私がチェックして査定を決めていくという仕組みです。

評価項目は役職によって変わりますが、一般管理職でいうと売上目標に対して何%の実績が出せたか、部下の育成・指導はどの程度できたか、他部署との連携はどの程度意識してできたかなどといった項目です。業務実績の項目よりも人の上に立つ資格に関する項目のほうが多くなっています。

私自身は毎日日報も見ていますし、直属の上司からの報告も日常的に聞いているので、このシートは見なくても分かります。やっぱりそうだよなと、自分のなかの評価と答え合わせをするために見る程度です。

私はむしろシートには表れないものを見ていて、私がその社員に求めるレベルに対して、どこまでできているかを見ています。求める内容やレベルは個々で違うので、シートの項目には単純には落とし込めません。

私のなかでは、人事考課シートは評価の指標というよりも教育のアイテムの一つという位置付けです。

できているのにもかかわらず、できていない、自分なんてと思っている社員もいれば、できていないのに自分はできていると思っている社員もいます。それぞれの社員の心の所在をコントロールして、適切な自己評価ができるように導くのが私の役目です。

正しい自己評価ができるようになると、売上が上がります。なぜなら自分の弱点に気づくからです。自分には自信や度胸が足りない、だから来期は強気で行こうとか、詰めが甘くてミスが多かった、だからチェックは2回するなど対策を取ることができます。

管理職については、部下を正しく評価できているかを見ます。本来は仕事ができている社員に対して正当な評価ができていないとき、〇〇さんは普段こういう働きをしているから、それに気づいてあげなければいけないということを教えます。

一つの側面を見て評価するのではなく、別の角度からも見て、部下の良さに気づける目が管理職には必要です。つまり、このシートは人を見る目を育てるためのテキストでもあるのです。

ちなみに、私の評価と役員の評価の一致率は5割になりました。以前のことを思えば、かなり高くなってきたと思います。さらに精度が高くなっていけば、私がいなくてもやっていける組織になるだろうと思います。

## 査定は5月と11月の年2回

査定はずっと年3回でやってきました。ゴールデンウィーク前と、盆の前、正月前というように大型連休の前に設定していました。大型連休は仕事の忙しさから離れて、ゆっくりと生き方や仕事を見つめ直す機会になります。親や地元の友達とも会って近況報告していると、さまざまな意見や情報が入ってきます。そのときに今の仕事でいいのか、どう生きていきたいかといったことを考え、転職が頭に浮かぶ人が多いのです。

先のキャリアが見えない不安があると転職に結びつきやすいので、そのタイミングで査定の面談を設けて今の状態とこれからのビジョンを示すようにしたのです。

最初の頃は全員と面談して、1人ずつ人事考課シートを見ながら振り返りをしていたのです。しかし今は社員が多いので、私が直接やるのは課長以上になりました。それ以外の社員は役員が分担して行うことになっています。

すると、幹部から3回は多過ぎるという意見が出てきて、今は2回になりました。私の気持ちとしては3回やりたいのが正直なところです。しかし、わざわざ面談の場をつくらなくても、役員が毎日のコミュニケーションのなかで部下との対話ができているならいいかと考え直しました。

今は幹部がきめ細かいコミュニケーションができているかを見ているところです。もしできなければ3回に戻すかもしれません。

私の会社では一度つくった仕組みでも平気で壊します。それは、メンバーが代わったり世情が変わったりすれば、実情と仕組みが合わなくなるからです。せっかくつくったのに惜しいと思って使い続けると、どんどん歪みが出ます。同じ考え方で、役職も部署の配置も一度昇格したら安心ではなく、ダメなら降格も異動もさせます。その危機感が仕事に緊張感を与えます。

## できないと悩むのは成長している証拠

日頃から社員を見ていると、自分はできないと悩んで自信をなくしている社員がしばしば目につきます。そんなときは査定のタイミングとは関係なく、必要なタイミングで呼んで話をします。

例えば、こんな話です。

「最近うまくいかないと落ち込んでいるよね。会社を辞めたいと思ってない？　でも、そんなふうに思わなくていいよ。去年の今頃、君はこんなふうに悩んでなかったよね。自分ができないことに気づいていなかったから平気でいられたんだ。でも、いろいろ挑戦してみて自分はできないと気づいた。だから悩んでいる。つまり、できないことに気づけたというのは、去年より一段レベルが上がっている証拠だよ」

もっと噛み砕いて伝えたいときは、こう言います。

「中1で部活に入って、練習についていくのが大変だったけど、3年になると余裕になるでしょう。でも高1になるとまた練習についていくのが大変になる。中1と高1のときで、同じ悩みに見えるけどレベルが違うんだよ。仕事もそれと同じで、去年より確実に君は伸びているんだけど、上のレベルに来たからしんどくなっている。ここを乗り越えたら、また余裕のときがきて、その先にまた悩みがくる。人生はその繰り返しなんだよ」

実は悩みがなく、いつも自分はできていると思っている人こそ危ないのです。それこそなにも成長できていない証です。

## 成果の出ない社員には優しく、上り調子の社員ほど厳しく接する

査定のとき前期より落ちている社員もいます。普通の会社は評価が落ちているということは、頑張りが足りない、能力が足りないと判断して、なぜできないんだ、手を抜くなと

厳しく叱ります。

私は評価の落ちている社員に対しては、頑張っているけど、もっとこうすると良かったよと優しくします。叱っても元気がなくなるだけで解決策は見えてきません。


逆に、評価が上がってよくできている社員には、普通の会社は褒めまくるでしょう。頑張ったから1ランク昇格とか、この調子で頑張れと言うはずです。しかし、私はむしろ厳しくします。昇格させるけど大丈夫か、今までみたいに許されないよ、もっと厳しくなるけどついていてこられるのかとガンガン言います。

それに対して社員はやりたい、やれますと満面の笑みで答えます。波に乗っているので、厳しく言われても叱咤激励に受け取るからです。こういう上り調子のとき、下手に褒めると緊張感がなくなって、これでいいと思ってしまうので逆効果です。

第5章

目の前の数字より目の前の社員

# 会社の発展は経営者の「社員の育て方」で決まる

## 効率は大事だが、その前に人育てが必要

私の経営の考え方のベースには人に対する想いがあります。明けても暮れても「社員をどう幸せにするか」を考えてきました。人間的に成長させることが本当に豊かに生きていくことだと考えて、人間教育に力を入れているのです。

また社員の成長を促し、能力を最大限に発揮できるよう導くことができれば、会社も幸せになるという考え方です。私のなかには会社をどうこうしたいという気持ちはなく、社員が幸せになることが先決で、そういう社員がいきいき働いてくれれば自動的に会社は存続していけるという想いがあります。そのため人を成長させることしか考えていないといってもいいかもしれません。

人が成長すれば強い組織をつくることが可能になり、効率の良い仕事で成果を出していけます。土台がしっかりしていれば大きくて頑丈な家を建てることができるのと同じで、会社を強くするにはまず人育てという土台づくりが不可欠なのです。

私が社員に教えているのは物事の考え方や生きる姿勢、いわば生き方・考え方の土台づくりです。これができればピンチの切り抜け方も見つけられるし、前向きなメンタルにもなれて、たくましく生きていくことができます。逆に調子の良いときは、図に乗ることなく謙虚でいられます。

仕事というのは生きることの一部ですから、生き方の質が上がれば仕事の質も上がらないわけがありません。

生きていると良いときも悪いときもあります。その波は自分自身のコンディションから起こる内的要因もあれば、周りの人の影響や時代の移り変わりなどの外的要因から引き起こされることもありますが、どんな場合でも土台さえしっかりしていれば翻弄されることはないという実例があります。

コロナショック、リーマンショック、トヨタショックなどこの15年間だけでも避けられない大きな波がありました。このとき、昨日と同じことをしている会社は急に仕事がなくなって狼狽し、どうしよう……と考えているうちに会社が傾いていきました。

私の会社はというと、大きな影響は受けていません。むしろコロナ禍では人の移動ができなくなった分、モノを移動させることが増えて、仕事が忙しくなったくらいです。旅行に出かける代わりに各地のおいしいものを取り寄せて旅気分を味わったり、在宅環境を快適にするためのグッズの購買が進んだりしました。

こうした事態に慌てず対応できたのは、社員たちに日頃から世の中のスピードの先の先を行くことを教えてきた効果にほかなりません。私の会社では入社1年目から、1カ所にとどまってはいけない、世の中は常に動いているから止まっていると遅れていくと教育しています。

私はありとあらゆる機会を通じて、先を読んで今を生きることを意識させてきました。ですからショックが来ても、社員はそういうこともあるだろう程度に冷静に受け止めることができました。自分たちのやるべきことが見えているので、慌てる必要はなかったのです。

波そのものを避けることは難しくても、波に流されない方法が分かっていれば生き抜いていけます。

## 社員がどこまで伸びるかは、経営者の力量で決まる

私の人材育成の目標は一人ひとりを経営者にすることです。そのためには指導者の側に力量と人格が求められます。

器の小さい社長だと、自分の立場を脅かすような部下は育てたくないというのが本心にあります。寝首をかかれて会社を乗っ取られるリスクがあるためです。実際、社長より専務のほうが人望があって、社員はみんな専務の言うことを聞くため、社長はただのお飾りで実質的に専務の会社になってしまっている例は珍しくありません。

こういうとき、器の小さい社長は専務の権力を取り上げて左遷したり、首にしたりしてしまいます。私の会社の副社長は、入社までにいくつもの会社を渡り歩いてきました。どこの会社に行っても優秀過ぎて経営者が脅威を感じてしまい、首を切られてしまうのです。

それで社長の座は守られますが、有能な補佐はいつまで経っても育ちません。能力が高い人材を全部切っていけば能力の低い人材しか残らないのですから、当たり前のことです。

そうやって器の小さい社長は組織をどんどん弱く、小さくしていきます。

トップがナンバー2に追い越され、実権を失ってしまうリスクは、ほかならぬ私にもあります。そのリスクを十分に承知したうえで、私は社員を育ててあげています。

なぜそれができるかというと、社員が成長して私に追いついてきたら、私がその分、大きくなればいいと思っているからです。私自身が常に社員よりも速いスピードで成長していれば、どれだけ教えても越されることは絶対にありません。器の小さな経営者は社員の成長におびえなくてはなりませんが、器の大きな経営者は社員の成長を喜ぶことができるのです。

ただし、そうなるためには経営者は高みを目指して誰よりも努力をしなければなりません。その覚悟と自信があるかと自問自答すれば、私は確実にあると答えます。

私が社員に追いつかれることは今後もないはずですから、社員には私をどんどん利用し、考え方を盗んだりアドバイスを引き出したりしてほしいと思います。求められれば全部与えたいと思っているからです。

## この人が無意味なことをさせるわけがないと思わせたら勝ち

私の会社は今、人材が層になってきました。創業当時はみんな同じレベルだったのが、20年余りで初級、中級、上級というグラデーションができてきたのです。これは望ましい形ですが、その分レベルに合わせた接し方の使い分けをしなければならないので難しくもあります。

石屋の話の発展形になりますが、例えばトイレ掃除を社員にさせるとき、初級の社員にはトイレはこうやって掃除するんだよと基本的なやり方を教え、トイレがきれいになるとみんなが気持ちよく働けて自分も心がスッキリすると掃除する目的や意味を丁寧に伝えます。

中級の社員にはトイレ掃除をしてきてほしい、そこにどんな意味があるか、自分で考えなさいと言います。意味が見つけられないときはアドバイスをします。

上級の社員にはトイレ掃除してこいとだけ言って、あとは放っておきます。上級の社員になると、私が意味のない仕事をさせるはずがないという前提があるので、どうしてですか?などとは聞いてきません。トイレ掃除をすることでなにかが得られると思って、二つ返事でやります。こうなればいちいち説明しなくても、社員は自分で伸びていきます。

さらに上のレベルになると、こちらが特になにかを学ばせようという意図もなく、たまたまトイレ掃除を頼んだとしても、そこに勝手に意味を見いだすようになります。会長は自分にこれを学ばせようとして、トイレ掃除をさせてくれたんですね!と、私が意図しない収穫をもって帰ってくるのです。学びの自動化といっても良いかもしれません。

そういう社員はつまらない作業でも楽しんでやる方法を編み出します。すると、周りにいる社員はなんだか楽しそうにトイレ掃除してるな、なにがあるんだろうと思うようになります。そして、自分もトイレ掃除をやってみようかな、なにがあるのか知りたいと動きだします。人に影響を与えるというのは、究極的にはこういうことを目指します。

私が直接関わって教えてきた初期メンバーたちは、普通にこれができるレベルになってきました。昨日今日入ってきたメンバーにはさすがに難しいですが、教えることを諦めなければ到達できます。

## 魂を受け継ぐ社員を何人残せるか

社員が３００人を超えて大きくなっても、昔から伝えてきた本質が生きているのは、本質を受け継ぐ取り組みを諦めずに続けてきたからにほかなりません。

今、私の会社は組織が大きくなって、マンパワーだけではやっていけなくなってきました。仕組み化することでシステマチックに動かす部分も必要になってきたのです。そういう意味で大事な分岐点にいます。

次のステージへ進むには、この分岐点を慎重に超えなければなりません。というのも、システマチックにすることは、本質が失われるリスクと常に隣り合わせだからです。少しでも気を抜くと、本質はすぐに失われ、機械的な組織になってしまいます。業務偏重になれば人を育てる文化は機能せず、会社は衰退していくと思います。

そうならないために経営塾があります。組織の核となる社員たちに、濃縮した本質を注入することができれば、会社の魂を受け継ぎこれからも会社を守ってくれるに違いありません。

また、経営塾に入れるメンバーを養成するためにも一般社員向けの社内オンラインサロンを活用しています。一人でも多くの社員が会社らしさをもってくれたら、この会社の未来は明るいと思っています。

この先、もし業態転換したり社名を変更したりすることが出てくることがあったとしても、会社の魂を受け継いでいけるなら、私は本望です。大事なのは形ではなく、マインドなのです。

しかし本質が失われ、普通の会社になってしまったら……そうなったときはいっそのことM＆Aで誰かに譲ってもいいし、廃業でもいいかもしれないと考えています。

私が経営を退いたら続かなくなるような会社ならいっそ売ってしまってもいい――今まではそんな選択肢は考えもしませんでした。しかし今は自然にそう思えます。そういう新たな感情が出てきたことも、私の成長です。

おかげで今まで見えていなかった１００手先の会社の未来が見えてきて、この会社をどうしていくか経営者としての楽しみが増えました。

## 一人前に育ったら社員の独立を応援する

社員が一人前に育った先に、独立起業したいという意欲があるなら、私は全力で応援します。もともと経営者を育てるつもりでやっているので、独立は大歓迎です。もし独立するとなったら、私は本人が見えていない障壁などを全部教えて、失敗しないように支えます。

具体的には独立が見えてきた時点で成功するやり方を示し、今の段階ではこの点が足りないと指摘して気づかせます。そして社内で経験を積ませて力をつけさせます。弱点がクリアでき、これで大丈夫と私が思える段階が来たら、自信をもって行けと送り出します。送り出す際には、もし独立しても仕事がなければ、うちの仕事をやればいいよと言っています。実際、経験を積んで独立した元社員のなかには、私の会社の案件を請け負いながら、自分でも新しい案件を開拓して事業を行っている人もいます。私の会社にいたときよりも報酬が1／5になったようですが、独立してよかった、楽しいと言っているのを見たときは、こちらもうれしくなりました。

私のなかで社員の独立はとても晴れがましいことです。同じ目線で話せる仲間が増えるからです。経営者はとかく孤独になりがちですが、仲間ができれば力を合わせ、刺激し合いながら発展していくことができます。

## 今はエベレストの3合目あと3年で5合目に到達させる

私が長年教えてきた社員たちは、生き方や考え方がかなりできてきました。すでに大手にも勝てるだけの実力があります。学力テストをしたら全員負けると思いますが、ビジネスで勝負したら勝てる絵しか見えません。実際、商談で大手とアイミツ（相見積もり）になっても勝てることのほうが多くなっています。

今、私が思い描く組織づくりは、エベレストに例えると3合目まで来ました。ここから次のステージへ行くためには、私も腹をくくって新しい挑戦をしなければなりません。新しい挑戦とは、やらない社員は置いていくという決断をすることです。これまでにも折に触れて社員には予告してきたことですが、今こそそれを実行していきます。

初級のメンバーには今までどおり1から10まで教えますが、中級上級のメンバーにはすでにきっかけやチャンスやヒントをたくさん与えてきました。それをモノにできないなら振り落としていきます。

ついて来られない社員は振り落とすというと非情に聞こえるかもしれませんが、これは本人を自立させるうえで重要なことです。三輪車に乗っていた幼稚園児が小学生になって自転車に乗り換えるとき、親は最初、自転車が倒れないように荷台を支えて後ろからついていくと思います。しかし、いつか親は手を離さなければなりません。子どもが自分で自転車をコントロールしてどこへでも行けるようにするためです。そのタイミングが今、社員たちに訪れています。

これからも大怪我しないように見守るし、くじけそうなときは励ましもしますが、基本的には手助けしません。転んだら自分で立ち上がってほしいので、倒れた自転車を立ててあげたりはしません。

2023年の抱負の一字を「問」にしたのは、ここから先についてくる気があるかを問うという意味が込められています。これだけのことを教えてきても本気になれない社員には君はもうやらないんだね？　ここまででいいんだね？と問います。やらないならやらないでも構いません。今の場所で頑張ることも一つの選択です。無理に上に連れていくような強制はしたくないので、本人の意志を尊重します。

もっと上に行きたいと本気で思う社員だけを連れていきます。覚悟のある精鋭だけを集めないと、エベレストの頂上には行けません。

創業から20余年でエベレストの3合目まで来られたので、順調に進んでいると思っています。土台づくりは時間が掛かるので20年を要しましたが、ここからはスピードアップしていけるはずなので、3年後には5合目に到達しているビジョンです。そして、いずれは頂上へ——私が諦めなければ必ずや実現できると思っています。

## 人間は成長したい生き物　ゆるい会社は嫌われる

私がこれまで会社を経営してきてつくづく実感しているのは、人間はみんな成長したい生き物だということです。どうでもいい、今のままでいい、どうせ自分なんてという態度を見せている社員も、心の奥底の本音に耳を傾けると、そんな自分に満足しておらず変わっていきたいと思っています。その眠っている本音や、くすぶっているエネルギーをどう引き出して、本人が伸びる力に変えていけるかが経営者の腕の見せ所です。

プレジデントオンラインの記事で、居心地のいいゆるい職場から若者が消えていくという話を読みました。この10年で職場環境が劇的に改善している一方で、職場は好きなのに辞める若者が増えているとのことでした。その背景として、新入社員の不安があると記事では指摘しています。「この会社にいても成長できないのではないか」「ほかの会社や部署で通用しなくなるのではないか」「学生時代の友人と差をつけられてしまうのではないか」という不安です。職場がゆるいがゆえに将来への不安が生じているのです。

近年はパワハラだ、ブラックだと言われ過ぎて、若手社員に対する扱いがナイーブになり、コミュニケーションが希薄になっているのではないかと思っています。少し強く叱るとパワハラだと言われてしまうので注意しないとか、プライベートの話をするとウザイと言われそうで仕事上の話のみにするとか、労務上のトラブルを避けるために残業をさせないなどといったケースです。あるいは辞められたくないので簡単な仕事しかさせない、たいした仕事でもないのに大げさに褒めるなどもあるように見受けられます。

こういう職場では若手は甘やかされていると感じると思います。私だったら自分は会社から期待されていない、飼い殺しと同じだと感じるに違いありません。

若手を逃がしたくないからゆるくしたのに、かえって若手に逃げられてしまうというのは皮肉なことです。

社員を会社に引き留める手段として報酬アップをしている会社もあると思いますが、それも慣れてしまえば当たり前になってしまいます。離職の根本にある、この会社では成長できない、ほかで通用しなくなる、ライバルに差をつけられるという不安を解消しない限り若手の離職は止められません。つまり、成長できる会社になることが離職を防ぐいちばんの近道だというのが私の持論です。

## 社員が成長するための３つの条件

では、どんな会社なら社員が成長していけるのかと聞かれると、それには３つの条件が必要だと考えています。

①　力のある指導者がいること
②　失敗できる環境があること
③　支え合う仲間、刺激し合うライバルがいること

①の力のある指導者とは、強いリーダーシップで引っ張っていく力や人をやる気にさせる力があり、仕事・生き方の手本を見せられる人のことです。人が好きで面倒見がよいことや、相手に自由を許す余裕があること（型にはめず型を許す）なども大事な資質です。

②の失敗できる環境というのは、チャレンジできる環境という意味です。成長するにはチャレンジが不可欠ですが、失敗したら怒られる・バカにされる環境では怖くてチャレンジができません。結果が失敗でも、チャレンジすること自体が尊いと言える職場が理想です。むしろ失敗は成功よりも学ぶことが多いので、失敗して帰ってきたら拍手するくらいの職場でありたいものです。

ちなみに、会社の成長という点でも失敗できる環境は大切です。革新的な製品やサービスを生み出すにはリスクを取らなければなりません。リスクを取って失敗したら自己責任ではなく、失敗を基に次はどうしようかと考えていくマインドがある会社は成長していけます。

③の支え合う仲間、刺激し合うライバルというのは、孤独にさせないということです。苦しいときに一人だとすぐに限界がきてしまいますが、励ましたり叱ってくれたり愚痴を聞いてくれたりする仲間がいるともうちょっと頑張ろうと思えます。また、一人では結構頑張ったしこのくらいでいいかと思いがちですが、ライバルがいるとあいつより上に行きたい、負けたくないという競争心が出るので上がっていけます。

力のある指導者が個人を活かし、チームづくりをすることができれば、その会社は成長できる職場になります。

## 社員が幸せになれる理想郷を目指す

私はこの会社を立ち上げて初めての新入社員を雇ったとき、彼を幸せにしたいと思いました。私の会社づくりはこの想いからスタートしたといえます。

人にとって幸せの定義は少しずつ違いますが、どんな会社なら幸せといえるかと考えたとき、稼げる会社や成長できる会社、仕事が楽しい会社、気の合う仲間がいる会社、夢を追える会社、応援してくれる会社、みんなで一つのゴールを目指せる会社……などたくさんの形が思いつきました。

どれか一つだけでも幸せだと思ってくれるかもしれませんが、全部そろっていれば最強です。どんな社員が入ってきても、これだけ満たされていれば幸せだと思ってもらえるはずです。

六畳一間から始めて少しずつメンバーが増え、ちびっこギャングが集まったとき、彼らと目指した理想郷とは、言葉にすればこれのことです。

理想郷は誰にとっても憧れで、自ずと人が集まってきます。住みやすい場所なので安住の地としてい続けたいと思います。そして、ここにいると幸せだから、ずっとここにいたいから、みんなで理想郷を守るために力を合わせようとします。

つまり、理想郷を実現できた会社は採用に困らず、離職していくこともありません。社員たちが自主的に会社を守ろうとして働きます。もっと良くしたいと努力もします。

すべてがそろった理想郷は高い目標ですが、目指せばできないことはないと思っています。まだ道半ばですが、かなり理想郷に近づいてきた実感があります。

ただし、理想郷は経営者によって思い描くビジョンが違うはずです。ここに挙げた理想郷はあくまで私が思い描く理想郷です。どの経営者も自由に自分なりの理想郷を思い描き、土台づくりから始めていけばいいのです。誰かのまねではなく、自分の信じたオンリーワンの道を進むほうが楽しいし、失敗しても後悔しないはずです。

## 会社は業務の場ではなく人間教育の場

理想郷を突き詰めた先にある最終到達点のビジョンとして私が見ている絵は、死の床にいる私の周りを手塩に掛けて育てた社員たちが囲んでワンワン泣いているシーンです。彼らは悲しくて泣くのではありません。「あなたから授かった教えがあるから生きていけます」「あなたがいなくても一人でやっていけます」と感謝して泣くのです。

どれだけのお金を残したか、どれだけ会社を大きくしたかではなく、何人の弟子を一人前に育てあげられたかが、私の真価だと思っています。

私は事業がやりたいのではなく人間教育がやりたいのです。会社はそのための枠組みでしかありません。本当は人間教育は学校ですべきだと思いますが、今の日本の教育システムでは到底無理です。だから社会に出た子たちを集めて、会社というシステムを使って教育し、真の生きる力を育てているのです。

会社というシステムは、教育に適していると思います。営利を得るという目的がはっきりしており、給料という目に見える形での評価があるからです。個々の能力だけでは目的を達成できず、チームで当たらないと成果が出ない点も教育に向いています。

私は彼らに仕事のやり方や儲け方を教える気はさらさらありません。そういうのを知りたいなら別の会社に行くことを勧めます。より良く生きるための考え方やみんなで良くなっていく方法を知りたいなら、私に教えられることがたくさんあります。

私がもっている知恵や知識を全部授けて、自由に使って豊かに生きていってくれたら、こんなにうれしいことはありません。私のコピーとしてではなく、私の考え方を取り込んで自分のやり方で生きていってくれればいいのです。

創業して20年余り、せっせと種をまき、出てきた芽を育ててきました。今ようやく大きくなってきたところです。どんな花を咲かせるのか、どんな実をつけるのかを、私は見たいのです。そのためにも今は水をあげ過ぎないように、太陽が強過ぎないように、時には厳しい環境も経験させてと細心の注意で取り組んでいます。

５年後10年後、彼らがどうなっているか楽しみで仕方がありません。私は今51歳で、会長でいられるのもあと何年かでしょう。しかし直接彼らと関わることがなくなっても、命ある限り見守っていきますし、求められれば助言もします。私に代わって彼らを育てる後継者も決まりつつあるので、なにも心配はしていません。

現役引退しても社員たちが育っていく姿を見られることが、経営者としての醍醐味だと私は思っています。よく仕事を引退すると、やることがなくなって退屈だという経営者がいますが、私はそれとは無縁です。社員たちの未来を見守らなくてはならないし、声援を送り続けなければならないからです。なによりも彼らの手本として、死ぬまで成長し続けなくてはならないのですから、暇な時間など一時もありません。

社員たちがどこまで行けるか、私自身がどこまで行けるか、残りの人生を懸けて挑戦していきます。

# おわりに

「鬼手仏心」という四字熟語がありますが、これは「慈悲の心があるからこそ、厳しいこともする」という意味です。「かわいい子には旅をさせよ」にも通じますが、私は今、社員たちを一人前にするために鬼手仏心になろうとしています。

これまで社員たちには手取り足取り教えてきて、挑戦する場も失敗する場も与えてきました。成長するために必要な栄養はたっぷり与えてきた自負があります。しかし社員のなかにはこの手厚い環境を「当たり前」と感じ始めている者がいて、私は危機感も抱いています。このままいけば、栄養過多で根腐れするかもしれません。

だからこそ鬼手仏心になろうとして、昨年から少しずつやり始めているのですが、年末の大納会のとき、「本気で会社を辞めようと思った」と告白する社員がいてショックを受けました。特に経営塾にも参加している期待のエースの一人からそれを言われたときは、落ち込まずにはいられませんでした。

なにに落ち込んだかというと、私が愛情を十分に伝えきれていなかったことです。私は愛情を込めて厳しくしたつもりでしたが、それがちゃんと伝わらないからこんなことを言わせてしまいました。

それと同時に「疲れたな」と無力感も感じました。それで翌日から「仏心」だけで社員に接するようにしてみたのです。そうすると、私自身がとても楽でした。みんなニコニコしているし、私もエネルギーを使うことがないし、それでいてみんなが私のことを好きになってくれます。こんなに楽して社員を笑顔にできるのかと思いましたが、私は1週間だけで仏心は打ち切りました。

なぜなら私自身はそれで自己満足ができても、社員にとってなに一つためにならないからです。これでは社員が成長できません。

私がやるべきことは、やはり鬼手仏心――嫌われてもいいから社員を育てて、独り立ちしたあとに「あの教えがあったから」と気づいてもらえればいいと思っています。いばらの道ですが、自分を信じてやり抜きます。

ただし脱落者が出ないように、厳しさの裏に愛情があることをどう伝えていくかが課題です。私自身まだまだ修業が足りないと反省し、己を磨いていかねばなりません。私が今より10倍大きくなれば、社員もその分大きくなれるのです。

私の会社での取り組みが他社にそのまま当てはまるとは思っていませんが、「そういうやり方もありなんだ、人と違うやり方でもいいんだ」と思ってもらえれば幸いです。そして自分なりのやり方を信じて進む経営者が増えれば、日本の産業界・経済界はもっとカラフルで面白くなると思っています。

多くの経営者は会社を大きくすることを目指していて、大企業を手本にしているのだと思いますが、私は大企業をライバルだとは思っていませんし、ほかのどんな会社もライバルにはなり得ません。目指しているところが全然違うからです。かなり風変わりな会社ですが、こんな会社も世の中に少しくらいあってもいいではありませんか。

読者の皆様もそれぞれのオンリーワンの会社を追求していってもらえればと思います。

最後になりましたが、本書を執筆するにあたって考えの整理に付き合ってくれた青木君、新谷君、佐橋君、田中君、ありがとう。

制作にあたってご尽力いただいた幻冬舎メディアコンサルティングのスタッフの皆様にも深く感謝を申し上げます。

2023年6月吉日

鈴木康仁

著者プロフィール

## 鈴木康仁（すずき・やすひと）

1971年生まれ。ワイズ通商株式会社代表取締役会長。

高校卒業後、アメリカに留学している最中に父親が経営する運送会社を手伝うために帰国。専務として10年勤めたあと独立し、2002年にワイズ通商を設立。物流商社として荷主から貨物を預かり自社以外の輸送業者を利用して貨物の運送を行う一般利用運送事業を開始する。その後、自車両にて貨物輸送を行う一般区域貨物運送にも事業を拡大。創業時は六畳一間だった事務所を、20年強で全国13拠点、グループ売上100億円にまで成長させている。

2023年10月頃、愛知県碧南市にある本社は同市内の新社屋に移転予定。

本書についての
ご意見・ご感想はコチラ

# 人材を磨く経営
## 中小企業は社員の個性を活かして伸ばす

2023年6月28日　第1刷発行

著　者　　鈴木康仁
発行人　　久保田貴幸

発行元　　株式会社 幻冬舎メディアコンサルティング
〒151-0051　東京都渋谷区千駄ヶ谷4-9-7
電話　03-5411-6440（編集）

発売元　　株式会社 幻冬舎
〒151-0051　東京都渋谷区千駄ヶ谷4-9-7
電話　03-5411-6222（営業）

印刷・製本　中央精版印刷株式会社
装　丁　　秋庭祐貴
イラスト　コガハルコ

検印廃止

Printed in Japan
ISBN 978-4-344-94680-4 C0034
幻冬舎メディアコンサルティングＨＰ
https://www.gentosha-mc.com/